教科力シリーズ
改訂第2版

小学校家庭

池﨑喜美惠

編著

玉川大学出版部

はじめに

　近年の科学技術の進歩や産業構造の変化は，家庭の機能の変化や家庭の教育力の低下などをもたらした。また，わが国は経済的には世界でも優位な立場に立っているが，身近な生活を見わたすと環境破壊や交通災害，物価上昇など深刻な問題が山積している。このような家庭生活に内在している諸課題は，大きな社会問題ともなり，解決の方策を検討する必要が迫られている。この家庭生活を学習対象とし，身近な生活事象をとらえて実践的・体験的な学習活動を展開している教科が家庭科である。

　本書は，小学校家庭科の教科専門科目のテキストとしてまとめたものであり，家庭生活・家族，食生活，衣生活，住生活，消費と環境に大別して内容構成を図った。また，生活者としての基礎的な素養としても習得しておきたい内容を盛り込んだ。そのためにも，本書に記述されている家庭生活にかかわる内容をよく理解し，自己の毎日の生活が豊かになるよう生活者・消費者として，さらには家庭科の指導者としても真剣に学び，多くの知見を得てほしいと願っている。

　本書の内容は，第1章では家庭科の内容の特徴について，第2・3章では家庭生活と家族について，第4・5章は食生活について，第6・7章は衣生活について，第8・9章は住生活について，第10・11章では家庭経済や消費者問題について，第12・13章は環境問題について概説し，第14章はキーワードを整理した。

　基本的事項に重点をおき，これらの学習によりさらに発展的学習ができるよう配慮した。また，統計的資料や引用・参考文献などは新しいものを紙幅が許す限り掲載した。

　本書を使用して学習するにあたって，次のようなことを考えたり，調べたりすることを期待している。

国際化・情報化の波は家庭生活にも大きな影響を及ぼしている。消費者問題や地球環境問題，高齢化の進行は，私たちの将来の生活にもさまざまな問題を投げかけている。男女が協力して家庭生活を営むためには，どのようなことに配慮すべきであろうか。家族員の自己実現を可能にするための家庭のあり方とはどうあるべきかを模索してほしい。

　また，健康的な生活を送るためには，毎日の食事が基本である。食事は，家族の健康にも影響を与えるだけでなく，家族間の関わりを深めるうえで，大切な役割を果たしている。私たちの食生活を取り巻く状況を知るとともに，食物に関する基礎的知識，たとえば栄養や食品，調理などを学び，豊かな食生活を営んでもらいたい。

　今日，衣生活に関しても多くの既製品に囲まれ，個性豊かなファッションやファストファッションを楽しむことができる。衣服を着るうえで大切なことは，気候・風土や独自の生活文化をふまえながら，個性や生活環境に合わせた衣生活を送ることである。衣生活に関する基礎的な知識や現代の衣生活における問題点を探り，真の意味での豊かな衣生活とは何かを考察してほしい。

　住居は心の安らぎと明日への活力を生む場，生活行動をする場でもある。わが国の住居水準は高いとはいえない現状であるが，現実問題としてどのようにすればよいかを考えなければならない。住居と家庭生活との関わりを考えながら，豊かな住生活を実現するための課題を探ってみてほしい。

　日常生活は消費中心になっており，毎日の生活に使用するものは，環境に負荷を与えることを余儀なくさせてしまう。生活をするうえで持続可能な社会を形成するには，反省しなければならないことも多々ある。どのような生活をしたらよいかも検討してほしい。

　家庭科は家族を中心とした家庭生活を学習対象としているので，指導者が日々営んでいる家庭生活に関心を持ち，自己の家庭生活もしっかり管理できていることが望ましい。

　本書が，新しい家庭の創造を求め，人間として豊かな生活を目指す

ための手助けになることを期待する。そして，本書を使用して学びな
がら，今日私たちが抱える生活問題を認識し，新しい家庭科の教科目
標を理解したうえで指導することができるよう学習を進めてほしい。

池﨑喜美惠

目 次

第1章

小学校学習指導要領「家庭」の
内容構成と特色

　本章では，2017（平成29）年に改訂された家庭科の学習指導要領に示された目標や内容構成を概説する。家庭科の特徴的な指導のあり方についてまとめ，これまでの家庭科との相違や特色について述べる。そして，家庭科が児童にとって役に立つ学習となるために，どのような配慮をすべきかを考える。

キーワード

生きる力　生活の営みに係る見方・考え方　実践的・体験的学習
主体的・対話的で深い学び　家族の一員　家庭生活を大切にする心情

1　家庭科の目標

（1）教科の目標

　2014（平成26）年，文部科学大臣は新しい時代にふさわしい学習指導要領等の在り方について中央教育審議会に諮問を行い，中央教育審議会は2年1か月にわたる審議の末，2016（平成28）年12月に「幼稚園，小学校，中学校，高等学校及び特別支援学校の学習指導要領等の改善及び必要な方策等について（答申）」を示した。子どもたちの知識・理解の質を高めるための3つのポイントとして，「1．各教科等で育成する資質・能力を①知識及び技能，②思考力・判断力，表現力等，③学びに向かう力，人間性等とする。2．「主体的・対話的で深い学び」の実現のための授業改善を推進する。3．各学校におけ

るカリキュラム・マネジメントを推進する」を挙げた。それをふまえ，現行学習指導要領が2017（平成29）年に告示され，2020（令和2）年から施行されている。目標は以下のように示されている。

　　生活の営みに係る見方・考え方を働かせ，衣食住などに関する実践的・体験的な活動を通して，生活をよりよくしようと工夫する資質・能力を次のとおり育成することを目指す。
　　(1) 家族や家庭，衣食住，消費や環境などについて，日常生活に必要な基礎的な理解を図るとともに，それらに係る技能を身に付けるようにする。
　　(2) 日常生活の中から問題を見いだして課題を設定し，様々な解決方法を考え，実践を評価・改善し，考えたことを表現するなど，課題を解決する力を養う。
　　(3) 家庭生活を大切にする心情を育み，家族や地域の人々との関わりを考え，家族の一員として，生活をよりよくしようと工夫する実践的な態度を養う。

　衣食住や家族の生活などの家庭生活に関する内容を主な学習対象として，人やもの，環境などとの関連を図りながら，製作，調理などの実習や観察，調査，実験などの実践的・体験的な活動を通して，基礎的・基本的な知識及び技能を身に付けるよう学習を展開することを示している。特に今回の改訂で，「生活の営みに係る見方・考え方」と記されているが，小学校段階では家庭科が学習対象としている家族や家庭，衣食住，消費や環境などに係る生活事象を，協力・協働，健康・快適・安全，生活文化の継承・創造，持続可能な社会の構築等の視点で捉えた。例えば，家族・家庭生活に関する内容においては，主に「協力・協働」，衣食住の生活に関する内容においては，主に「健康・快適・安全」や「生活文化の継承・創造」，さらに，消費生活・環境に関する内容においては，主に「持続可能な社会の構築」の視点から物事を捉えていく。そして，生涯にわたって，健康で豊かな生活を送るための自立の基礎として必要であり，自立し共に生きる生活を創造できるよう，より良い生

活を営むために工夫することを示したものである。

(2) 育成する資質・能力

　今回の改訂では，育成を目指す資質・能力は，(1)「知識及び技能」，(2)「思考力，判断力，表現力等」，(3)「学びに向かう力，人間性等」の3つの柱で示されている。家庭科の学習では，実生活と関連を図った問題解決的な学習を効果的に取り入れ，これら3つの柱を相互に関連させることにより，教科全体の資質・能力を育成することが重要となる。

　これらの「知識及び技能」を習得するに当たっては，実践的・体験的な活動を重視した学習を通して，児童一人一人のよさや個性を生かしながら身に付けるようにすることが大切である。

　(1)の目標は，学習内容として主に家庭生活に焦点を当て，家族や家庭，衣食住，消費や環境などに関する基礎的な理解を図るとともに，それらに係る技能を身に付け，生活における自立の基礎を培うことについて示している。
　(2)の目標は，習得した「知識及び技能」を活用し，「思考力，判断力，表現力等」を育成することにより，課題を解決する力を養うことを示している。
　(3)の目標は，(1)および(2)で身に付けた資質・能力を活用し，家庭生活を大切にする心情を育むとともに，家族や地域の人々と関わり，家庭生活をよりよくしようと工夫する実践的な態度を養うことを示している。

2　家庭科の内容

(1) 内容の改訂

【内容構成の見直し】

　「A家庭生活と家族」「B日常の食事と調理の基礎」「C快適な衣服と住まい」「D身近な消費生活と環境」の4内容から，小・中学校ともに「A家族・家庭生活」，「B衣食住の生活」，「C消費生活・環境」の3つの内容とし，小学校と中学校の各内容の系統性を明確化した。
【空間軸と時間軸の視点から学習対象を明確化】

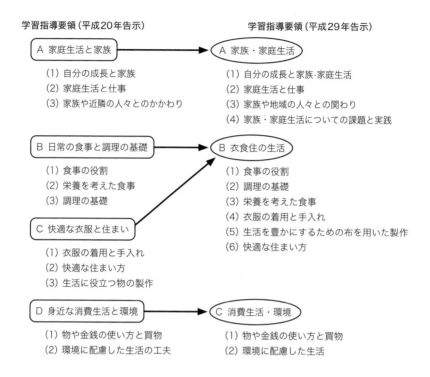

図表1-1　学習指導要領の新旧対照

学習指導要領（平成20年告示）

A 家庭生活と家族
- (1) 自分の成長と家族
- (2) 家庭生活と仕事
- (3) 家族や近隣の人々とのかかわり

B 日常の食事と調理の基礎
- (1) 食事の役割
- (2) 栄養を考えた食事
- (3) 調理の基礎

C 快適な衣服と住まい
- (1) 衣服の着用と手入れ
- (2) 快適な住まい方
- (3) 生活に役立つ物の製作

D 身近な消費生活と環境
- (1) 物や金銭の使い方と買物
- (2) 環境に配慮した生活の工夫

学習指導要領（平成29年告示）

A 家族・家庭生活
- (1) 自分の成長と家族・家庭生活
- (2) 家庭生活と仕事
- (3) 家族や地域の人々との関わり
- (4) 家族・家庭生活についての課題と実践

B 衣食住の生活
- (1) 食事の役割
- (2) 調理の基礎
- (3) 栄養を考えた食事
- (4) 衣服の着用と手入れ
- (5) 生活を豊かにするための布を用いた製作
- (6) 快適な住まい方

C 消費生活・環境
- (1) 物や金銭の使い方と買物
- (2) 環境に配慮した生活

　空間軸の視点は，主に自己と家庭，時間軸の視点は，これまでの生活及び現在を学習対象とする。

【家族・家庭生活に関する内容の充実】

　少子高齢社会の進展に対応して，家族や地域の人々とよりよく関わる力を育成するために，「A家族・家庭生活」においては，幼児または低学年の児童，高齢者など異なる世代の人々との関わりに関する内容を新設した。

【食育の推進に関する内容の充実】

　生活や学習の基盤となる食育を一層推進するために，「B衣食住の生活」の食生活に関する内容を中学校との系統性を図り，食事の役割，調理の基礎，栄養を考えた食事で構成し，基礎的・基本的な知識及び技能を確実に習得できるようにした。

【日本の生活文化に関する内容の充実】

　グローバル化に対応して，日本の生活文化の大切さに気付くことができるようにするために，「B衣食住の生活」においては，和食の基本となるだしの役割や季節に合わせた着方や住まい方など，日本の伝統的な生活について扱うこととした。

【自立した消費者の育成に関する内容の充実】

　持続可能な社会の構築に対応して，自立した消費者を育成するために，「C消費生活・環境」においては，中学校との系統性を図り，「買物の仕組みや消費者の役割」に関する内容を新設するとともに，消費生活や環境に配慮した生活の仕方に関する内容の改善を図った。

【基礎的・基本的な知識及び技能の確実な定着を図るための内容の充実】

　生活の科学的な理解を深め，生活の自立の基礎を培う基礎的・基本的な知識及び技能の習得を図るために，実践的・体験的な活動を一層重視するとともに，調理及び製作においては，青菜やじゃがいも，袋の製作など一部の題材を指定することとした。

【「家族・家庭生活についての課題と実践」を設定】

　習得した知識及び技能などを実生活で活用するために，Aの内容に「家族・家庭生活についての課題と実践」を新設し，B，Cの内容との関連を図って1つまたは2つの課題を設定し，実践的な活動を家庭や地域などで行うなど，内容の改善を図った。

（2）内容の概要

【A家族・家庭生活】

　(1)「自分の成長と家族・家庭生活」，(2)「家庭生活と仕事」，(3)「家族や地域の人々との関わり」，(4)「家族・家庭生活についての課題と実践」の4項目で構成されている。ここでは，自分の成長を自覚し，衣食住などを中心とした生活の営みの大切さに気付くとともに，家族・家庭生活に関する知識及び技能を身に付け，日常生活の課題を解決する力を養い，家族や地域の人々と協力し，よりよい家庭生活を工夫する実践的な態度を育成することをねらいとしている。(1)はガイダンス的項目，(4)は家庭や地域などで実践を行い，

課題を解決する力を養う項目である。

【B衣食住の生活】

　(1)「食事の役割」，(2)「調理の基礎」，(3)「栄養を考えた食事」，(4)「衣服の着用と手入れ」，(5)「生活を豊かにするための布を用いた製作」，(6)「快適な住まい方」の6項目で構成されている。このうち，(1)から(3)までは食生活の内容である。健康・安全で豊かな食生活に向けて考え，工夫する活動を通して，食事の役割，調理の基礎，栄養を考えた食事に関する知識及び技能を身に付ける。そして，食生活の課題を解決する力を養い，食生活をよりよくしようと工夫する実践的な態度を育成することをねらいとしている。

　(4)及び(5)は衣生活の内容である。健康・快適・安全で豊かな衣生活に向けて考え，工夫する活動を通して，衣服の着用と手入れ，生活を豊かにするための布を用いた製作に関する知識及び技能を身に付ける。そして，衣生活の課題を解決する力を養い，衣生活をよりよくしようと工夫する実践的な態度を育成することをねらいとしている。

　(6)は住生活に係る内容で，住まいの主な働きや季節の変化に合わせた住まい方，住まいの整理・整頓や清掃の仕方に関する基礎的・基本的な知識及び技能を身に付け，快適な住まい方を工夫することができるようにすることをねらいとしている。

【C消費生活・環境】

　(1)「物や金銭の使い方と買物」，(2)「環境に配慮した生活」の2項目で構成されている。ここでは，身近な生活における消費と環境の学習を通して，限りある物や金銭の使い方や環境に配慮することの大切さに気付かせることをねらいとしている。そして，物の選択，購入及び活用に関する基礎的・基本的な知識及び技能を身に付け，身近な消費生活や環境をよりよくしようと工夫する能力と実践的な態度を育てることを目指している。

　確認問題

　1　小学校家庭科で育成する資質・能力について考えよう。

　2　日常生活に必要な基礎的な知識や技能とは何か。具体的にまとめよう。

3　社会の変化に対応した家庭科の内容として，どのような事項を取り入れる必要があるだろうか。具体的に考えてみよう。

より深く学習するための参考文献
・池﨑喜美惠編著『教科指導法シリーズ　小学校指導法　家庭　改訂第2版』玉川大学出版部，2021年
・池﨑喜美惠・仙波圭子・青木幸子・田部井恵美子『第2版　家庭科教育』学文社，2018年
・文部科学省『小学校学習指導要領解説　家庭編』東洋館出版，2008年
・文部科学省『小学校学習指導要領（平成29年告示）解説　家庭編』東洋館出版，2017年

第2章

家庭生活と家族

　人間は，生まれてから死ぬまでさまざまな人との触れ合いのなかで生活している。とくに，幼少期は親やきょうだいなどの家族集団との関わりのなかで成長していく。人間にとって，家族集団との関わりにはライフステージによって軽重はあるが，一生涯関わり続ける大切な集団である。

　1では子どもが生まれて成長していくために重要な家庭生活について，2では家族の変容や機能について取りあげ，基礎的な概念や今日的課題などを検討する。

キーワード

家庭生活　生活資源　少子・高齢化　家族規模の縮小化　家族の機能

1　家庭生活

(1) 生活資源 (resource)

　生活は人間と環境との相互作用のなかで営まれる人間の欲求の充足過程である。よりよく生きることは，人間らしい欲求であり，人間たるゆえんである。人間の生活は実体であるとともに経営の対象ともなる。生活経営の要素には，生活価値，生活欲求，生活資源，生活行動，生活規範，生活関係がある[1]。具体的には次のように解釈できる。生活価値は生活において何が大事かについての判断で，生活の主体者が持つ価値基準と価値観からなる。生活

欲求は，環境の自然的・社会的状況により欲求が発生する。また，生活資源は物資・サービス，および金銭的資源，生活空間資源，生活時間資源，人的資源，能力資源，生活情報資源からなり，生活資源を実際の生活場面にあてはめ活動するのが生活行動である。これら具体的な生活資源の獲得や分配や行動の営みは，親子関係，夫婦関係などの人間関係を取り結んでいる。これが生活関係である。また，生活規範は「～すべき」など行為についての基準である。私たちは毎日の生活のなかで，これらを総合的に考えあわせながら，Plan，Do，Seeを繰り返し，生活のよりよい状態を追求していこうとしている。

　生活資源という考えは，アメリカの家庭経営学に始まり，人的資源，物的資源，経済的資源，非経済的資源という分類がされている[2]。生命保険文化センターは，生活資源として人間関係資源，経済生活資源，生活時間資源，生活空間資源，能力資源の5つの要素を挙げている[3]。人間関係資源は夫婦関係，親子関係，職場関係などさまざまな人間関係をさす。経済生活資源は，収入，貯蓄などの金銭および金銭と交換できるものをさす。生活時間資源は仕事時間，自由時間など生活時間をさす。生活空間資源は，住まいの広さや周辺環境などの静的な空間資源，旅行に出かけたりするなどの動的な空間資源がある。さらに，生活を送るうえで必要な能力，資質，技術などを指す能力資源がある。この5つの資源の獲得は，ほかの資源の獲得にプラスに働く。また，人間が生活を営んでいくうえでは，生理的欲求や後天的に獲得された欲求を満たし，直面する生活課題を解決するときに調達される財やサービス，社会関係，時間や情報なども不可欠である。これらの資源を増加・充実させ，有効活用し，生活の質を高めていくことが必要となる。

（2）家庭生活の変容

　家庭生活の変遷をみるためには，図表2-1に示すような主要耐久消費財の普及状況を参考にすると理解しやすいと思う。「社会実情データ図録」は，1950年代以降，現代に至る家庭生活の変容を以下のようにまとめている[4]。1953年は電化元年と言われ，高度経済成長期の所得向上のなかで，耐久消費財の普及が進んだ。「三種の神器」と言われた電気洗濯機，電気冷蔵庫，電気

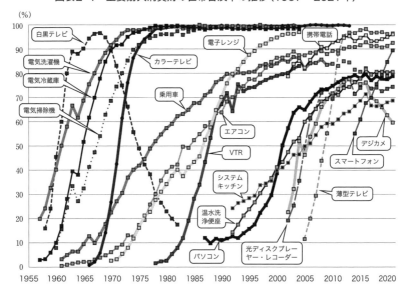

図表2-1　主要耐久消費財の世帯普及率の推移（1957～2021年）

注）二人以上の世帯が対象。1963年までは人口5万人以上の都市世帯のみ。1957年は9月調査，
　　58～77年は2月調査，78年以降は3月調査。05年より調査品目変更。多くの品目の15年の低
　　下は調査票変更の影響もある。デジカメは05年よりカメラ付き携帯を含まず。薄型テレビは
　　カラーテレビの一部。光ディスクプレーヤー・レコーダーはDVD用，ブルーレイ用を含む。
　　カラーテレビは2014年からブラウン管テレビは対象外となり薄型テレビに一本化。
資料）内閣府「消費動向調査」
出所）http://honkawa.sakura.ne.jp/2280.html（2021年8月アクセス）

掃除機は1973年のオイルショック頃にはほとんどの家庭で一家に一台の普及を見た。最先端の商品としてあこがれの対象であるとともに，これらの耐久消費財は家事労働にかける時間を短縮させ，家事労働に従事することが多かった女性の社会進出にも貢献したと考えられる。

　その後，1960年代から普及がはじまった「3C」と呼ばれる乗用車，ルームエアコン，カラーテレビは，当時の一般家庭の夢の商品として急速に普及していった。家庭用耐久消費財は，1970年代以降には利便性・快適性が高く，必要度の高いものほど早く普及し，乗用車やルームエアコンなど価格の高いものは普及に時間がかかった。その後も電子レンジ，VTR，そして最近では，パソコン，デジカメ，携帯電話と次々と国民生活を便利にするような新商品が普及してきた。近年の特徴はIT製品，情報通信関連製品，また家電（家庭

用電化製品）というより個電（個人用電化製品）が目立ってきていることである。

　乗用車の普及率は頭打ちとなっているが，高齢化や乗用車取得にかかわる要件の煩雑さ（駐車場の確保，維持費等）が影響しているのではないかと思われる。カラーテレビでは，2011年7月に地上デジタルテレビ放送（地デジ）に切り替わったことや近年の薄型テレビの価格低下により，プラズマなどの薄型テレビへのシフトが加速した。

　最近では，情報化の進展により，スマートフォン，パソコン，携帯電話などの普及が著しい。また，エアコンの普及率も伸び，私たちの日常生活は利便性・快適性を求め，生活をエンジョイすることに向かっているとも言える。

2　家　族

（1）家族・世帯・家庭

【家族（family）】

　家族とはどのような集団であろうか。「夫婦関係を基礎として，親子・きょうだいなど少数の近親者を主要な構成員とする，第一次的な福祉追求の集団」[5]「夫・妻・子どもを中心に居住と生計を共にし，共通の家族意識を持っている血縁的集団」[6]などと定義されている。しかし，単親家族（single parent family）や事実婚の形態をとる男女もいる。またペットを家族ととらえる人もいるだろう。家族をどうとらえるか，長津[7]は，山根の「家族は，生活集団，人生過程，ライフスタイル，親族関係，社会制度としての5つの面を持っている」という言説に沿って以下のように解説している。

　①同じ家に住み，生計を共にして生活している場合が多いが，いわゆる生活を共同する単位としての側面がある。
　②長い人生の過程で家族とかかわって生きている人もいれば，家族から自由になって生きる人もいる。しかし，人は家族とのかかわりを抜きに人生を語ることができない。その意味で，家族は人生過程に影響する極めて重要な関係体である。
　③家族には生まれた家族と自分が新たに作る家族がある。結婚して作った

家族と共に生きるのか，シングルで生まれた家族とともに生きるのか，シングルで単独で生きるのか，いずれにせよ個人の責任で選択できる。

④個人を中心とした親族関係網（血族，配偶者，姻族など）の一定の範囲を家族として認知しているが，どの範囲を家族とするか，社会や文化によって異なる。

⑤日本国憲法や民法，社会政策などにより家族が社会制度として位置づけられている。

このように考えていくと，夫婦，親子，きょうだい関係など形やあり方が多様化してきている今日，家族とは何であるか定義することはむずかしい。

【世帯（household）】

世帯という用語は，1920年の国勢調査のときに用いられ，「住居と生計をともにしている人の集まりおよび一戸を構えて住んでいる単身者」をさす。世帯は，一般世帯と施設等世帯に分けられる。世帯の家族類型別構成は，親族世帯，非親族世帯（使用人などの同居非親族も含む），単独世帯に分けられる。世帯には「居住」と「生計」の2つの要件があり，夫婦でも別居していれば別世帯になり，血縁関係がなく一緒に住んでいて生計も一緒なら同じ世帯と言える。しかし，家族構成員であっても他出していれば，世帯から除外される。共同して生活を営んでいる世帯は，家族に比べ把握が容易であるので，国民の生活実態を把握するためには世帯が用いられている。

【家庭（home）】

家庭という言葉には，「①人間関係が維持・展開される場，集団としてのまとまりや人間関係の維持に必要とされる日常的な営みの場，②そこに展開される人間関係から生み出される日常的な営みの統合体（成員がよりよく生きるための諸活動の統合システム），③その場にかもしだされる心理的雰囲気」[8]という意味がある。つまり家庭は家族と同義語として用いられたり，家族員が生活している住まいをさすこともある。また，「明るい家庭を築く」という言葉のように家族によって形成される生活共同体を意味する場合がある。

子どもたちは，家庭という場の家族集団のなかで人との関わり方や物事の考え方，価値観など，生活の基盤を培ったり，自分の役割などを学んで社会

図表2-2　「生まれた家族」と「生む家族」

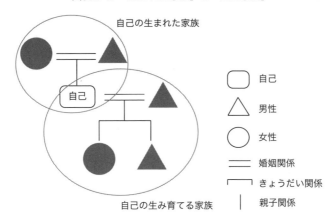

出所) 山根常男・玉井美知子・石川雅信編著『わかりやすい家族関係学』
ミネルヴァ書房，1996年，p.7より作成

人として自立をしていく。

・　以上のように，家族，世帯，家庭という言葉は，厳密に言えば異なるが，しばしば混用される場合がある。家族は常に世帯，家庭をなすとは限らないし，世帯を構成するものが家族であるとは言えない場合もあり，家族と世帯は一致しないこともある。

（2）家族単位

　人は家族のなかで育てられ，成長すると家族から離れ自己の家族をつくっていく。図表2-2に示すように自己を中心に考えると，生まれた家族と生む家族という2つの家族をもつことがわかる。

【生まれた家族（family of orientation）】

　出生家族（定位家族）ともいい，自分が生まれて育った家族をさす。自分からみた家族のことで，子どもはこの家族のなかで保護養育され，言語を習得し，社会性を身につけていく。小学校の家庭科では，この家族について学習をする。

【生む家族（family of procreation）】

　創設家族（生殖家族）ともいい，成人し婚姻により創った家族をさす。配偶

図表2-3　家族の類型

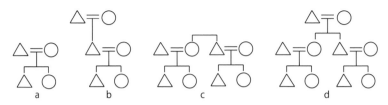

a　　　　　　b　　　　　　c　　　　　　　d

出所）図表2-2に同じ，p.11

者の選択やどのような家庭を形成するかなど，将来の家庭のあり方を自己の
意思で決定できる。選択的要素が強く，ライフスタイルの多様化により選択
の可能性は拡大しつつある。

　このように，個人に視点をおいた場合，多くの人は一生の間に2つの家族
を経験する。

（3）家族の類型

　親族の血縁関係には，祖父母，父母，子，孫のように縦に広がる直系と，兄
弟姉妹のように横に広がる傍系とがある。直系家族および傍系家族には次の
ような家族の類型がある。

【核家族】

　アメリカの社会人類学者マードック（G.P. Murdock）が，1組の夫婦と未婚
の子どもからなるまとまりが，まるで核（nuclear）のようにみえることから，
"nuclear family" とよび，人間の普遍的な社会集合体であるとした。図表2-
3aに示すように，1組の夫婦と未婚の子どもからなり，親族の基本単位であ
る。

【拡大家族】

　図表2-3bに示すように，結婚した子どもの家族と父母が同居する家族を直
系的な拡大家族という。わが国では，戦前は家制度により，子どもの1人が
跡継ぎとして結婚後も親と同居するのが当然とされてきた。この直系的な拡
大家族を直系家族とよぶ。

　図表2-3cに示すように，結婚したきょうだいの家族が同居する家族を傍系

的な拡大家族という。

【複合家族】

　図表2-3dに示すように，父母が結婚した複数の子どもの家族と同居すると
いう，直系，傍系双方向に拡大する家族を複合家族という。近年，結婚した
複数のきょうだいが同居して傍系的に拡大するケースはまれになった。

（4）家族の機能

　家族の機能として，オグバーン（W.F. Ogburn）は近代工業が発展する以前
の家族は，現在より多様な機能を果たしていたという。多様な機能とは①生
産活動の単位としての農業や牧畜業を行うことによる経済機能，②社会的に
位置づけられたある家族の一員としてのメンバーが受ける地位付与機能，③
子どもに知識や技術を伝える教育機能，④疾病や傷害，外敵，災害などから
メンバーの生命や財産を守る保護機能，⑤信仰心を満足させる宗教機能，⑥
メンバーに楽しみをもたらす娯楽機能，⑦メンバー同士の愛情を育む愛情機
能の7つである[9]。

　1960年代ごろの高度経済成長期あたりから，家族の機能にも変化がもたら
されてきた。たとえば，教育機能は学校などの専門機関へ，生命・財産を守
る保護機能は警察などの社会や国家機関へ，病人の保護は病院へ，老人の介
護は老人介護施設などへ，レクレーション機能は娯楽提供施設へ，宗教機能
は神社・教会などへというように外部の代替機関へ委ねられるようになって
きた。また，経済機能も産業化の進展により，家族単位で生産に携わってい
るケースは少なく，被雇用者として生産に携わるようになった。このように，
今日では，衣・食・住の消費物資の生産機能は外部化し，教育や娯楽，医療，
福祉などの諸機能も学校や専門化したサービス産業や公的機関などに委ねら
れるようになった。これを家族の機能の縮小化とよぶ。また，家族の生活時
間帯のずれは食卓共同体としての家族の機能も薄れさせている。それにもか
かわらず，家族としての生活を続けているのは，家族が所有する固有の機能
があるからである。こうしたなかで，家族は多くの機能を手放したが，愛情
機能，子どもの養育，パーソナリティの発達支援が家族の機能として残り，
専門化していった。つまり，家族は「制度家族から友愛家族」[10]へと変化し

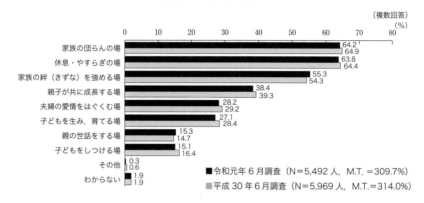

図表2-4　家庭の役割

出所）内閣府大臣官房政府広報室『国民生活に関する世論調査』
http://surveygov-online.go.jp/r01/r01-life/zh/z23-1.html（2021年8月アクセス）

た。経済，保護，宗教，教育，医療の機能は専門機関がサービスを行うのに対し，それだけでは満たされない個人的できめの細かいサービスを行うのが，家族の機能といえる。今日では，心身の充実安定を図るという内面的，心理的な情愛充足機能，福祉追求の機能が重視され，人間生活の基本としての機能が見直されている。

　内閣府の2019（令和元）年調査[11]（図表2-4）で，家庭はどのような意味をもっているか聞いたところ，「家族の団らんの場」を挙げた者の割合が64.2％と最も高く，「休息・やすらぎの場」（63.8％），「家族の絆を強める場」（55.3％），「親子が共に成長する場」（38.4％）などの順となった。2018（平成30）年の調査結果と比較してみると，「家族の絆を強める場」（54.3％→55.3％），「親の世話をする場」（14.7％→15.3％）を挙げた者の割合が増加しているが，あまり大きな意識の変化はみられない。

（5）家族構成の変遷

【世帯数と世帯規模】

　図表2-5に示すように，2010年には，総世帯数は5195万世帯と5000万世帯を超え，2015年には5345万世帯になった。1970年には約3040万世帯であったので，45年間に2300万世帯増え，顕著な増加がみられた。また，一般世帯

図表2-5　世帯の種類別世帯数，世帯人員および1世帯当たり世帯人員の推移

年	人口 (千人)	世帯数 (1,000世帯)			年平均増加率 (%)		世帯人員 (1,000人)		1世帯当たり人員（人）	
		総世帯¹⁾	一般世帯	施設等世帯	一般世帯数	人口	一般世帯	施設等世帯	一般世帯	施設等世帯
1970	104,665	30,374	30,297	77	2.96²⁾	1.04²⁾	103,351	1,315	3.41	17.08
80	117,060	36,015	35,824	137	1.68	1.12	115,451	1,538	3.22	11.23
90	123,611	41,036	40,670	104	1.27	0.54	121,545	1,742	2.99	16.75
2000	126,926	47,063	46,782	102	1.40	0.26	124,725	1,973	2.67	19.34
10	128,057	51,951	51,842	108	1.10	0.05	125,546	2,512	2.42	23.26
15	127,095	53,449	53,332	117	0.57	-0.15	124,296	2,798	2.33	23.91

注1) 世帯の種類「不詳」を含む。
　2) 1960年から70年の年平均増加率。沖縄含む。
資料) 総務省「国勢統計」
出所) 日本統計協会『統計でみる日本 2021』2021年，p.17

の世帯規模は，1970年の3.41人から1990年には2.99人となり，3人を割り込んだ。さらに2015年には2.33人と縮小化が続いている。世帯の小規模化の傾向は，出生率の低下による子どもの数の減少も一要因ともいえるが，1970年代以降は核家族化，さらには，単独世帯の増加の影響が大きいと思われる。

【家族類型別推移】

　図表2-6に示すように，親族世帯の割合が1970年には79%から2015年には65%へ減少する一方，単独世帯は20%から35%へ増加している。親族世帯のうち，核家族世帯の家族類型では，夫婦と子どもからなる世帯が41%から27%へと減少する一方，夫婦のみの世帯が10%から20%へと倍増し，ひとり親と子どもから成る世帯も6%から9%へと増加し，家族の変容が顕著に示されている。

　また，3世代世帯は1970年の16%から2015年には6%となり，急速に減少している。子どものいる世帯の割合は，1970年の65%から2015年には41%と24ポイントの減少である。高齢夫婦世帯は，2000年からの15年間に366万世帯から608万世帯に増加し，その割合は8%から11%に上昇した。高齢者単身世帯も，2000年からの15年間に303万世帯から593万世帯の約2倍に増加し，一般世帯に占める割合も7%から11%に上昇した。

　以上のことから，わが国における少子・高齢化は着実に進展しているとい

図表2-6　一般世帯の家族類型別世帯数および割合の推移（1970〜2015年）

世帯の家族類型	一般世帯数（1,000世帯）				家族類型別割合（%）			
	1970年	2000年	2010年	2015年	1970年	2000年	2010年	2015年
一般世帯総数	30,297	46,782	51,842	53,332	100.0	100.0	100.0	100.0
親族のみ世帯	24,059	33,595	34,516	34,315	79.4	71.8	66.7	64.5
核家族世帯	17,186	27,273	29,207	29,754	56.7	58.3	56.4	55.9
夫婦のみ	2,972	8,823	10,244	10,718	9.8	18.9	19.8	20.1
夫婦と子ども	12,471	14,904	14,440	14,288	41.2	31.9	27.9	26.9
ひとり親と子ども	1,743	3,546	4,523	4,748	5.8	7.6	8.7	8.9
核家族世帯以外の世帯	6,874	6,322	5,309	4,561	22.7	13.5	10.3	8.6
非親族を含む世帯	100	276	456	464	0.3	0.6	0.9	0.9
単独世帯	6,137	12,911	16,785	18,418	20.3	27.6	32.4	34.6
（特掲）子どものいる世帯	19,687	22,796	22,179	21,643	65.0	48.7	42.9	40.7
（特掲）3世代世帯	4,876	4,716	3,658	3,023	16.1	10.1	7.1	5.7
（特掲）高齢夫婦世帯	−	3,661	5,251	6,079	−	7.8	10.1	11.4
（特掲）高齢単身世帯	−	3,032	4,577	5,928	−	6.5	8.8	11.1

注）2010年および2015年の一般世帯総数には「不詳」を含む。
　　2000年から2005年までの数値は，2010年の新家族類型区分による遡及集計結果による。
　　3世代世帯には4世代世帯以上も含まれる。
　　高齢夫婦世帯とは，夫65歳以上，妻60歳以上の一般世帯をいう。
　　高齢単身世帯は65歳以上の単身の一般世帯をいう。
資料）総務省「国勢統計」
出所）図表2-5に同じ，p.19

える。このような核家族世帯や高齢者世帯の増加は，子どもと祖父母との触れ合いを困難にし，生活文化の伝承を妨げ，高齢者に対するいたわりや思いやりなどの精神的な成長を阻害することにもつながる。したがって，さまざまな機会をとらえながら，祖父母との接触や高齢者とのふれ合いの機会を創り出していくことが必要といえる。

3　現代家族のゆくえ

（1）国際家族年（International Year of the Family）

　国連総会は，1989年12月，1994年を国際家族年にすることを決議した。図表2-7に示すIYFのシンボルマークは次のことを意味している。家族が社会

図表2-7　IYF（国際家族年）のシンボルマーク

の中心にあってハートであり，ハートは屋根で保護され，愛情で結ばれる家族員の家庭生活を象徴する。ハートから右に向けた開きは外部との連続と未来への不確定性の関係を意味し，屋根のかすった筆づかいは家族の複雑性を表している。

　IYFのスローガンは，「Building the Smallest Democracy at the Heart of Society」である。日本政府の統一訳は，「家族からはじまる小さなデモクラシー」である。社会の中核と考える基本的小集団である家族が，いかに家庭的，民主的平等の家族関係を維持するかという課題を提示している。

(2) 多様化する家族

　わが国の家族の形態や機能は大きく変化してきたが，今後さらに家族のあり方が多様化していくことが考えられる。

【DINKS (Double Income No Kids)】

　子どもを持たない共働き夫婦である。独身感覚で夫婦がそれぞれ仕事を持ち，ゆとりある生活をエンジョイするために，意識的に子どもをつくらないというライフスタイルをとっている。この家族を選択する背景には，家事を低く評価する意識や悲観的な子育て観がある。子育てに費やす時間や労力・費用などを自己の仕事や生活に注ぎたいという生き方をしている。

【DEWKS (Double Employed With Kids)】

　子どもを持つ共働き夫婦である。夫婦にとって子どもは喜びを与えてくれるかけがえのないものと考えており，仕事を持ち生活を楽しむことと育児を両立することを重視している。

【別居夫婦家族】

　仕事の都合で一時的に離れて暮らし，休日や休暇を一緒に過ごすという共

働き夫婦が増えている。アメリカでは「通う」(commute) という意味を含めて，コミューター・マリッジ (Commuter Marriage)[12] という。ともに経済的・精神的自立を重視し，自立のためには別居もやむを得ないと考えている。

【単身赴任家族】

　婚姻制度により結婚するものの，夫婦が事情により共同生活ができない家族である。仕事の関係で転勤を命じられたが，家族全員で転居するには条件が整っていない場合が多い。そうなると，世帯は二重となり，生活は転勤前の状況とは異なってくる。

【夫婦別姓家族】

　現民法では婚姻後の夫婦の姓は，夫あるいは妻のいずれかの姓に統一される「夫婦同一姓」が原則である。そのことによって，婚姻前の自分と婚姻後の自分との継続性がなくなり，生活上さまざまな不合理を経験することがある。この夫婦別姓を主張する人は，男性よりは女性が，また高学歴の有職女性に多くみられるが，夫婦別姓に制度を変更することは，女性の社会的活躍を促すうえでも必要であり，制度的改善が必要である。

【混合家族 (Blended Family, Stepparent Family)】

　ブレンディッド・ファミリー，ステップ・ファミリーともいい，少なくとも一方の配偶者の結婚前の子どもと一緒に生活する家族形態である。一般的には，離別や死別後，子連れで再婚した結果形成される家族で，子どもにとって親のどちらかが継親になる。アメリカでは，1970年代以降，離婚とともに再婚が増加し，ステップ・ファミリーという言葉が一般化した。日本でも，1990年代に離婚・再婚の増大とともに増えてきた。2つの家族が一緒になってできた家族は，さまざまなチャレンジをすることになる。

【その他の家族】

　婚姻届けを出していないため法律的には内縁関係にあり，子どもの法的位置づけは非嫡出子となる事実婚，男性あるいは女性の同性同士が同居して性的関係や家計をともにして生活する同棲家族などが増加するだろう。また，未婚者同士や配偶者との離・死別高齢単身者同士の共同生活など，血のつながりや婚姻関係に拘束されない自由な形の生き方をする人々が，今後は増えてくるだろう。

（3）家族に与えられた課題

　今日の家族は，過保護・過干渉による母子密着や父親不在などの親子関係の変化，性別役割分業意識の変容や離婚率の上昇により夫婦関係の変化，さらには高齢化に伴い介護の必要性などさまざまな問題を内在させている。千葉モト子は日本の家族が抱えるリスクとして，次の8つをあげている[13]。

　①結婚したくても相手が見つからないリスク（シングル化）

　②結婚しても離婚するリスク（夫婦関係の破綻）

　③夫が失業したり収入が低下するリスク（専業主婦のリスク）

　④親が介護状態になるリスク（老親の介護）

　⑤子どもが結婚しないまま家に残り続けるリスク（パラサイト・シングル，ニート）

　⑥高齢期にゆとりのある生活ができなくなるリスク（老後のリスク，年金の目減りなど）

　⑦親子関係のリスク（家庭内暴力，不登校，ひきこもり，育児ノイローゼなど）

　⑧家族のセクシズムとジェンダーのリスク（DV，共働き家族の二重労働負担など）

　これらのリスクはどの家族にも起こりうることであり，家族間で抱え込まないことが肝要である。

　日本人の国民性調査[14]において，「一番大切なものは何ですか」という質問に対し，「家族」と回答する者の割合が最も多く，2018年には41％であった。次いで「愛情・精神」が23％，「生命・健康・自分」が20％であった。社会経済や人々の意識の変化に伴って，家族を形成することや維持することが難しくなっている今日，大切なものを家族ととらえる人が多く，家族を改めて見つめ直しているといえる。

　最近の子どもは，学校から帰宅すると自室に閉じこもりゲームや携帯電話を使用して過ごしており，家族との関わりが少ない傾向にある。親は，子どもが自室で何をしているか，どのような友達と交流を持っているか知る余地がない状況である。このような，ホテルの宿泊者のように隣の部屋にどのような人が宿泊しているかわからないという「ホテル家族」になりがちである。しかし，これからの家族のあり方として，コンテナー（容物）として家庭のな

かで一緒に暮らす「コンテナー家族」というよりは，むしろ，家族同士意識的にコミュニケーションをとろうとする「ネットワーク家族」を形成していくことを心がけなければならない。

確認問題

1　現代の家族構成の変遷についてまとめよう。
2　家族の機能の縮小化の具体例を挙げ，それが私たちの生活にどのような影響を与えたかまとめよう。
3　家族に関する法律で，婚姻，離婚，親子関係，扶養，相続などについて調べ，問題点と思うことをまとめよう。

引用文献・より深く学習するための参考文献
1)　奈良由美子・伊勢田哲治『生活知と科学知』放送大学教育振興会，2009年，pp.65-66
2)　内藤道子・中間美砂子・金子佳代子・髙木直・田中勝共著『生活を創るライフスキル──生活経営論』建帛社，2002年，pp.17-18
3)　内閣府大臣官房政府広報室『国民生活に関する世論調査』http://survey.gov-online.go.jp/h25/h25-life/zh/z39.html（2014年7月アクセス）
4)　「社会実情データ図録」http://honkawa.sakura.ne.jp/2280.html（2021年8月アクセス）
5)　森岡清美編『新・家族関係学』中教出版，1974年，p.16
6)　松島千代野・松岡明子『家族関係学総論』家政教育社，1999年，p.18
7)　長津美代子・小澤千穂子編著『改訂 新しい家族関係学』建帛社，2018年，pp.2-3
8)　石川実編『高校家庭科における家族・保育・福祉・経済──「家庭総合」・「家庭基礎」指導の基礎知識』家政教育社，2002年，p.38
9)　石川實・岸本幸臣編著『ライブラリー生活の科学③　生活と家族』コロナ社，2004年，p.81
10)　同上，p.82
11)　内閣府『国民生活に関する世論調査』https://survey.gov-online.go.jp/r01/r01-life/zh/z23-1.html（2021年8月アクセス）
12)　コミューター・マリッジについては，袖井孝子・岡村清子・長津美代子・三善勝代『共働き家族』家政教育社，1993年に詳述されている
13)　千葉モト子『家族とジェンダーの社会学』法律文化社，2011年，p.58
14)　統計数理研究所『日本人の国民性調査』https://www.ism.ac.jp/survey/index_ks14.html（2021年10月アクセス）

第3章

生活時間と家事労働

　1日24時間は誰にでも平等に与えられた生活資源であり，ルーティン化した日常を送れることが心の安寧を維持することにもつながっている。また，日々の生活を大過なく過ごせるのは，家族の誰かが生活に必要な仕事をしてくれているからである。

　1では日本人の生活時間の現状を概観し，ワーク・ライフ・バランスについて解説する。2では家庭の仕事と職業労働との関係や家事労働の貨幣評価の方法について考える。

キーワード

ワーク・ライフ・バランス　アンペイド・ワーク
家事の社会化　M字型カーブ　性別役割分業意識

1　生活時間

（1）生活時間からわかること

　「時は金なり」「早起きは三文の徳」など時間に焦点を当てたことわざがあるように，昔から時間を金銭と同等に評価していたことがわかる。第2章で述べたが，生活資源の1つである時間は生活を経営していくうえで重要な資源である。生活時間とは，1日の生活行動と時間の配分を示すもので，時間の面から人間の生活行動をとらえたものである。生活時間の現状を理解することによって，生活の実態を把握することができる。生活時間を生活の質と

いう観点からとらえると，次の4点に要約できる。

①「日本人は働きすぎである」という言い方は，職業労働や余暇などの生活行動を時間の使い方から言い表したことで，時間の配分の仕方が生活の質（QOL）を表すことができる。

②1日24時間は平等に与えられている生活資源である。その時間配分は行動別に客観的に測定することが可能であり，生活行動を時間の単位で表現できる。主観的な意識調査と異なり，数値で計量できる。

③生活時間のデータは，生活全体を対象としている。人間が生きていくうえで必須の生活必需行動や生活の糧を得る職業労働，趣味やボランティア活動のような余暇活動などあらゆる行動が対象である。生活時間を調査することは，生活行動の各側面を統合する意味合いを持つ。

④時間の使い方は，その人の制約条件の下で個人の生き方の選好を表現している。自由裁量可能な時間にどのような行動をするかは，その人の生き方や価値観を表している。

（2）生活時間の分類

【NHKの国民生活時間調査】

　NHKの国民生活時間調査は，1960年から5年ごとに個人単位で国民の生活実態を把握して，放送番組を編成する資料を得るために実施されてきた。調査規模が大きく，信頼性が高いことから広く利用されている。①睡眠，食事，身の回りの用事などの必需行動，②仕事，学業，家事，それに伴う移動などの拘束行動，③会話・交際，教養・余暇活動，マスメディア接触，休息などの自由行動とその他に分けられる。

【社会生活基本調査】

　総務庁（現・総務省）では，1976年から5年ごとに全国から選定された世帯と世帯員を対象として社会生活基本調査を実施している。図表3-1に示すように，①睡眠，食事など生理的に必要な活動を1次活動，②仕事など社会生活を営むうえで義務的な性格の強い活動を2次活動，③余暇活動などの各人の自由時間における活動を3次活動という。

【その他の生活時間調査[1]】

図表3-1　男女，行動の種類別生活時間〈2011（平成23）年，2016（28）年〉──週全体

（時間，分）

	総 数			男			女		
	平成23年	平成28年	増減	平成23年	平成28年	増減	平成23年	平成28年	増減
1次活動	10.40	10.41	0.01	10.33	10.34	0.01	10.46	10.49	0.03
睡眠	7.42	7.40	-0.02	7.49	7.45	-0.04	7.36	7.35	-0.01
身の回りの用事	1.19	1.22	0.03	1.09	1.11	0.02	1.29	1.31	0.02
食事	1.39	1.40	0.01	1.36	1.38	0.02	1.42	1.43	0.01
2次活動	6.53	6.57	0.04	6.49	6.50	0.01	6.57	7.03	0.06
仕事等	4.43	4.49	0.06	6.08	6.08	0.00	3.23	3.35	0.12
通勤・通学	0.31	0.34	0.03	0.40	0.43	0.03	0.23	0.25	0.02
仕事	3.33	3.33	0.00	4.46	4.41	-0.05	2.23	2.29	0.06
学業	0.39	0.42	0.03	0.42	0.44	0.02	0.37	0.41	0.04
家事関連	2.10	2.08	-0.02	0.42	0.44	0.02	3.35	3.28	-0.07
家事	1.27	1.23	-0.04	0.18	0.19	0.01	2.32	2.24	-0.08
介護・看護	0.03	0.04	0.01	0.02	0.02	0.00	0.05	0.06	0.01
育児	0.14	0.15	0.01	0.05	0.06	0.01	0.23	0.24	0.01
買い物	0.26	0.26	0.00	0.17	0.17	0.00	0.35	0.34	-0.01
3次活動	6.27	6.22	-0.05	6.38	6.36	-0.02	6.16	6.09	-0.07
移動（通勤・通学を除く）	0.30	0.29	-0.01	0.29	0.28	-0.01	0.30	0.30	0.00
テレビ・ラジオ・新聞・雑誌	2.27	2.15	-0.12	2.31	2.19	-0.12	2.24	2.11	-0.13
休養・くつろぎ	1.31	1.37	0.06	1.31	1.37	0.06	1.31	1.36	0.05
学習・自己啓発・訓練（学業以外）	0.12	0.13	0.01	0.13	0.13	0.00	0.12	0.12	0.00
趣味・娯楽	0.44	0.47	0.03	0.53	0.57	0.04	0.37	0.37	0.00
スポーツ	0.14	0.14	0.00	0.18	0.18	0.00	0.11	0.10	-0.01
ボランティア活動・社会参加活動	0.04	0.04	0.00	0.04	0.04	0.00	0.04	0.04	0.00
交際・付き合い	0.19	0.17	-0.02	0.18	0.15	-0.03	0.20	0.19	-0.01
受診・療養	0.08	0.08	0.00	0.07	0.07	0.00	0.10	0.09	-0.01
その他	0.17	0.19	0.02	0.15	0.17	0.02	0.18	0.20	0.02

出所）総務省統計局『平成28年　社会生活基本調査──生活時間に関する結果』結果の概要　平成29年

　経済学領域や労働生理学領域での生活時間の研究がある。藤本武らは労働者が自分の持っている労働力を資本家に販売し，一定の労働に従事する労働時間「収入生活時間」と労働力を販売していない時間「消費生活時間」とに二分することができると考えた。「労働時間」には勤務時間，通勤時間，家で

の勤務，副業・内職が含まれ，家事労働は含まれていない。そして，「消費生活時間」を生理的生活時間，家事的生活時間，社会的・文化的生活時間に分類した。

　篭山京は労働者の生活のエネルギー消耗と補給の関係（代謝）を時間の分類に用いた。収益，勉学，家事労働などの「労働」，生理的生活，社会的生活，教養・娯楽，自由生活などの「余暇」，休息，睡眠の「休養」の3つに分類した。人間のエネルギーの支出と補給かつ疲労と休養という労働生理学的手法を用いて分類した。

（3）日本人の生活時間の実態

　図表3-1に示す総務省が実施した社会生活基本調査によると，1次活動時間が10時間41分，2次活動が6時間57分，3次活動が6時間22分となっている。2011（平成23）年と比較すると，1次活動時間は1分の増加，2次活動時間は4分の増加，3次活動時間は5分の減少になっている。

　男女別でみると，男性は1次活動時間が10時間34分，2次活動時間が6時間50分，3次活動時間が6時間36分，女性は1次活動時間が10時間49分，2次活動時間が7時間03分，3次活動時間が6時間09分になっている。1次活動時間や2次活動時間は女性が長く，3次活動時間は男性が長い。2011年と比較すると，男性は1次活動および2次活動時間とも1分の増加，3次活動時間は2分の減少，女性は1次活動時間が3分の増加，2次活動時間は6分の増加，3次活動時間は7分の減少になっている。男女差を前回調査と比較すると，1次活動時間は13分差が15分差に，2次活動時間は8分差が13分差に，3次活動時間は22分差が27分差になり，男女差は拡大している。

　さらに，1次活動の中の睡眠時間の変化をみると，男女とも減少傾向がみられるものの，女性の睡眠時間は男性よりも10分短い。OECDの調査でも，日本人の睡眠時間の短さや，男女差の大きさが報告されている。

　2次活動時間の中の家事関連時間の家事時間は，女性は減少しているが，男性はごくわずかではあるが増加している。このように男女に時間差が生じるのは，仕事時間と家事時間に費やす時間の差であり，女性の社会進出，家事労働の社会化，男性の家事参加意識の高揚などによる変化が反映されたも

図表3-2　男女別曜日別生活時間（20歳以上、1日平均）(2016年)

(時間. 分)

行動の種類	男性 有業 平日	土曜日	日曜日	男性 無業 平日	土曜日	日曜日	女性 有業 平日	土曜日	日曜日	女性 無業 平日	土曜日	日曜日
1次活動	9.53	10.39	11.12	11.37	11.42	11.52	10.06	10.45	11.14	11.15	11.31	11.42
睡眠	7.15	7.49	8.14	8.20	8.26	8.33	7.02	7.33	7.55	7.48	8.01	8.11
身の回りの用事	1.07	1.12	1.15	1.24	1.21	1.22	1.31	1.32	1.35	1.34	1.33	1.32
食事	1.31	1.39	1.42	1.54	1.55	1.57	1.33	1.40	1.44	1.53	1.57	1.59
2次活動	9.51	5.59	4.12	2.01	1.42	1.32	9.39	6.56	5.55	5.06	4.35	4.24
通勤・通学	1.06	0.30	0.17	0.07	0.03	0.02	0.47	0.22	0.14	0.04	0.02	0.02
仕事	8.14	4.23	2.35	0.08	0.08	0.07	5.47	3.00	1.58	0.04	0.04	0.04
学業	0.08	0.03	0.03	0.27	0.10	0.09	0.10	0.05	0.05	0.12	0.04	0.03
家事	0.10	0.19	0.23	0.44	0.43	0.40	2.05	2.14	2.18	3.24	3.02	2.56
介護・看護	0.01	0.02	0.02	0.05	0.05	0.04	0.04	0.04	0.04	0.09	0.08	0.07
育児	0.05	0.14	0.16	0.03	0.02	0.02	0.21	0.25	0.24	0.36	0.28	0.27
買い物	0.08	0.28	0.38	0.26	0.31	0.28	0.25	0.45	0.53	0.39	0.47	0.46
3次活動	4.16	7.21	8.36	10.22	10.36	10.36	4.15	6.19	6.51	7.39	7.54	7.54
移動（通勤・通学を除く）	0.21	0.43	0.48	0.31	0.33	0.29	0.24	0.45	0.49	0.30	0.34	0.32
テレビ・ラジオ・新聞・雑誌	1.28	2.11	2.40	4.35	4.44	5.00	1.29	1.49	2.03	3.08	3.13	3.18
休養	1.17	1.50	2.07	1.54	2.01	1.59	1.14	1.37	1.45	1.49	1.53	1.55
学習・研究（学業以外）	0.05	0.08	0.10	0.20	0.17	0.15	0.06	0.07	0.08	0.12	0.10	0.10
趣味・娯楽	0.33	1.15	1.31	1.23	1.25	1.24	0.23	0.45	0.51	0.42	0.45	0.48
スポーツ	0.07	0.18	0.22	0.26	0.23	0.23	0.05	0.08	0.09	0.12	0.10	0.09
ボランティア活動・社会参加活動	0.02	0.06	0.10	0.06	0.08	0.11	0.02	0.05	0.07	0.05	0.06	0.07
交際・付き合い	0.11	0.27	0.26	0.13	0.20	0.18	0.13	0.32	0.30	0.19	0.23	0.22
受診・療養	0.04	0.04	0.01	0.19	0.14	0.07	0.06	0.07	0.03	0.17	0.12	0.06
その他	0.09	0.18	0.22	0.35	0.32	0.30	0.13	0.23	0.26	0.25	0.27	0.27

資料）総務省「社会生活基本統計」
出所）日本統計協会『統計でみる日本2021』2021年、p.125

のである。家事関連時間については，2 (4) 家事分担 (p.43) で詳述する。

　3次活動では，休養・くつろぎ，趣味・娯楽の時間が増加し，テレビ・ラジオ・新聞・雑誌の時間が減少している。行動者率では，スマートフォンやパソコンの行動者率が増加している。スマートフォンやパソコンなどのICT機器の普及は，国民の生活時間に大きな影響を及ぼしている。

　図表3-2に示すように，平日，土曜日，日曜日の曜日別では，有業者の方が仕事や趣味・娯楽の時間に大きな違いがみられる。平日に比べて日曜日における時間が長くなるのは，男性では，3次活動のテレビ・ラジオ・新聞・雑誌や趣味・娯楽の時間であり，女性は，睡眠，テレビ・ラジオ・新聞・雑誌や，趣味・娯楽の順であった。平日に仕事や通勤に費やされる時間が，休日には睡眠や3次活動に向けられる。また，男性有業者は3次活動のうち，趣味・娯楽，スポーツが土曜日，日曜日に増加するが，女性有業者は趣味・娯楽の時間は増えるが，スポーツの行動時間は曜日による大差がない。

(4) ワーク・ライフ・バランス

　ワーク・ライフ・バランスとは，2007年「『ワーク・ライフ・バランス』推進の基本的方向中間報告」では，「老若男女誰もが，仕事，家庭生活，地域生活，個人の自己啓発など，さまざまな活動について，自ら希望するバランスで展開できる状態」と定義している[2]。男だから仕事だけ，女だから家庭だけというのではなく，自己の生活への比重の置き方を配分したければ実現できるような社会づくりをしていこうというものである。

　しかし，現実は仕事と家庭を両立しようとすれば，ワーク・ファミリー・コンフリクトという葛藤が生じることがある。ワーク・ファミリー・コンフリクトとは，仕事と家庭との要求が両立せず，仕事（家庭）の要求が家庭（仕事）における達成を阻害する状況における葛藤をいう。金井篤子の研究[3]によると，仕事関与と家庭関与の両方が高い群が最もワーク・ファミリー・コンフリクトが低く，仕事関与が高く，家庭関与が低い群が最もワーク・ファミリー・コンフリクトが高くなるという研究結果を報告している。つまり，共働き男性は共働きであるがゆえに，家庭と仕事の両方に直面せざるをえない状況にいるので，仕事と家庭の両方に適度な関与を持つこと，すなわち，ワー

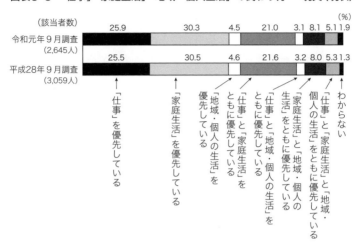

図表3-3　「仕事」「家庭生活」「地域・個人生活」の関わり方──現実（現状）

出所）内閣府男女共同参画局「男女共同参画社会に関する世論調査」平成28年調査，令和元年調査をもとに作成
https://survey.gov-online.go.jp/r01/r01-danjo/zh/z26.html（2021年8月アクセス）

ク・ライフ・バランスをとることが最もメンタルヘルス上好ましいと考えられる。しかし，共働きの女性，妻が専業主婦の男性には，このような関連は見られなかった。共働きの女性は，ワーク・ファミリー・コンフリクトが高く，妻が専業主婦の男性のワーク・ファミリー・コンフリクトは低かった。このことは伝統的性別役割観の影響が強く，家庭内の分業が進んでいるからである。

　図表3-3の「男女共同参画社会に関する世論調査」に示すように，生活の中での，「仕事」「家庭生活」「地域・個人の生活」（地域活動・学習・趣味・付き合いなど）の優先度について，現実に最も近いものを聞いたところ，「『仕事』を優先している」と答えた者の割合が25.9％，「『家庭生活』を優先している」と答えた者の割合が30.3％，「『地域・個人の生活』を優先している」と答えた者の割合が4.5％，「『仕事』と『家庭生活』をともに優先している」と答えた者の割合が21.0％，「『仕事』と『地域・個人の生活』をともに優先している」と答えた者の割合が3.1％，「『家庭生活』と『地域・個人の生活』をともに優先している」と答えた者の割合が8.1％，「『仕事』と『家庭生活』と『地域・

個人の生活』をともに優先している」と答えた者の割合が5.1％となっている。前回の調査結果と比較してみると，大きな変化は見られない。

　ワーク・ライフ・バランスは仕事時間の減少だけでなく，家事労働や余暇活動の意義と重要性，また，必要最低限の生活費，その収入を得るための職業労働（賃金）の重要性など，多面的要素を統合したうえに形成されるライフスタイルである。

　安定した生活を営むために必要な時間が確保できない状態を「時間貧困」と呼ぶ。中山[4]は，この「時間貧困」を回避するためには，他の人に仕事を代わってもらうように頼むこと（人的資源の活用）や有料の家事サービスの利用（金銭資源の活用）など，他の生活資源の代替によって時間を生み出すことができると述べている。

　家庭科では生活費，家事労働の意義と特徴，職業労働のあり方の家庭生活への影響，有償労働・無償労働の意義と時間配分，性別役割分業を超えた対等な人間関係・家族関係の構築，子どもの成長と発達をふまえた育児のあり方など，生活の多様な要素を総合的に結び付けながらライフスタイルを創造する教科で，ワーク・ライフ・バランスを担う教科として期待できる[5]。

2　家事労働

（1）家事労働の分類

　家族・家庭を支える労働には2つの種類がある。1つは職業労働であり，もう1つは家庭内で行う家事労働である。私たちは，この2つの労働がなければ生活を営むことができない。どちらかが上位でどちらかが下位に位置づけられるというものではなく，2つの労働が車の両輪のように動くことによって生活は安定するのである。家事労働は家庭生活を営むために，生活手段の消費や家族員に対するサービスのための労働であり，社会的分業に組み込まれていない。

　①労働の性格による分類
　　・生活手段を整える労働（housekeeping）：購入と衣・食・住に関する家
　　　事労働すべてを含む消費労働など。狭義の家事作業である。

・サービス労働：乳幼児や子どもの世話や教育，老人や病人に対する介護や看護など。

・家政管理労働 (homemaking)：上記の労働を遂行するための管理家事をさし，生活設計や献立をたてたり，家計簿を記帳するなど。

②労働の種類による分類

・筋肉労働：掃除，洗濯，食事の片づけなど。

・技術的な労働：調理，裁縫，育児など。

・管理的な労働：計画，購入，記録など。

③反復や時間的継続性を考慮した分類

・常時的家事

・周期的家事

・臨時的家事

④今日的な分類[6]

・もの (things) に関わる労働：手や道具や機械を使ってする仕事。料理，食器洗い，掃除，洗濯，縫い物，編み物・手芸，修理，園芸や家庭菜園など。

・人 (people) に関わる労働：人に接する仕事。暇つぶしは含めず家事・育児に必要なこと。

・データ (data) を扱う労働：文章を読んだり書いたりする仕事。家計簿をつけたり料理書や育児書を読んだり，子どもの勉強を見てやったりなど。最近ではインターネットの普及により，ネットショッピングや投資など，これまでにない情報を活用した家事が出てきた。

（2）家事労働の特徴

【家事労働の性格】

①無償性：私的労働であることから，経済的価値を生まない。アンペイド・ワーク (unpaid work) である。

②多様性：家庭生活の健全な運営を目的として，家族員のニーズに応えるために，分類が困難なほど多種多様な仕事がある。

③反復性：毎日同じことを繰り返し行い，家族へのいたわりの気持ちが

基盤となって仕事が行われる。

④自律性：仕事の開始や終了の規定がなく，担当者が自主的に労働時間や仕事内容・程度を決めるので，自由である反面，不規則である。

⑤教育性：家事能力の習得は，身体的・精神的な発達を促し，生活の自立能力を養う。また，生活文化を親から子へと継承していく。

⑥創造性：資本に拘束されず，自由に家族のために行う労働であり，趣味と実益を兼ねるものもある。それにより豊かな人間性を育むことができたり，家族全員で創りあげていく。

【家事の社会化】

家庭の機能の縮小化や女性の職業労働の進出にともなって，家庭内で行われていた家事を家庭外で代替する方向へと移行してきている。社会化とは家庭の機能の一部が社会的なものに置き換えられることをいう。社会化には次のようなものがある。

①共同化……共同保育や食品の共同購入など，地域の人たちとの互助組織により行われる。たとえば，共同保育や無農薬野菜などの食品の共同購入など。

②商品化……加工食品の利用やクリーニング，食事の宅配サービス，家事代行業を利用するなど。

③公共化……保育所やデイサービスなど国や地方公共団体の社会施設など公共機関のサービスを活用するなど。

家事の社会化は，このように共同化，商品化，公共化の3つの方向がある。これらの利用・購入は家事労働の効率化に貢献するが，家計支出の増加，安全性への不安など問題も多い。したがって，家庭で家事労働を処理するプラス面やマイナス面を熟慮し，家事サービスを利用するかどうかについて，家族員で話し合いながら決定する必要がある。

（3）家事労働と職業労働

【女性の就業】

1970年代半ば以降，女性の労働力率は上昇してきている。その理由の一つとして，第2章の1で述べた家庭電化製品の普及が挙げられる。全自動電気洗

図表3-4　女性の理想とするライフコース

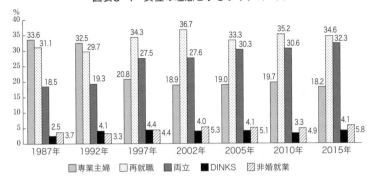

注1) 18〜34歳未婚者。その他および不詳の割合は省略。

　2) 専業主婦：結婚し子どもを持ち，結婚あるいは出産の機会に退職し，その後は仕事を持たない。

　　再就職：結婚し子どもを持つが，結婚あるいは出産の機会にいったん退職し，子育て後に再び仕事を持つ。

　　両立：結婚し子どもを持つが，仕事も一生続ける。

　　DINKS：結婚するが子どもは持たず，一生仕事を続ける。

　　非婚就業：結婚せず，仕事を一生続ける。

出所) 国立社会保障・人口問題研究所「出生動向基本調査（結婚と出産に関する全国調査）（独身者調査）」および「第15回出生動向基本調査（結婚と出産に関する全国調査）」をもとに著者作成 http://www.mlit.go.jp/hakusyo/mlit/h24/hakusho/h25/html/n1213000.html, http://www.ipss.go.jp/ps-doukou/j/doukou15/doukou15_gaiyo.asp（2021年8月アクセス）

濯機や電子レンジなどはほとんどの家庭に普及している。このような家庭電化製品の普及は，家事の効率化・省力化に貢献してきた。また，外食産業の発展や加工食品の積極的な利用は，食事づくりを簡便化するなど調理の負担が軽減され，家事を担う女性が働くための時間的余裕がでてきた。また，産む子どもの数が減ってきたうえ，平均寿命が延びたこともあり，子育て終了後に長い時間が残されている。この時間を利用して，女性が職業労働に従事するようになった。日本ヒーブ協議会がフルタイムで勤務する女性を調査した結果[7]，仕事をする理由として，「生計を維持するため」(59.7%)や「仕事を通じて自分を成長させたい」(39.3%)，「経済的に自立したい」(35.2%)，「社会とのつながりがほしい」(27.8%)，「将来に備え貯蓄したい」(26.6%)などが上位5位までに上がっている。理由はさまざまであるが，継続的に仕事を続けていきたいと願う女性は多い。

　このような女性の就業率の上昇の背景の一つには，女性の労働意欲の高ま

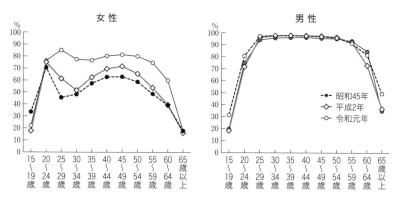

図表3-5　年齢階級別労働力人口比率の推移

注）年内月平均値。昭和45年は沖縄県を含まない。労働力人口比率：労働力人口÷15歳以上人口×100
資料）総務省統計局「労働力調査年報」
出所）恩賜財団母子愛育会日本子ども家庭総合研究所『日本子ども資料年鑑　2021』KTC中央出版，
2021年，p.83

りがあると考えられる。社会保障・人口問題研究所「出生動向基本調査(結婚と出産に関する全国調査)(独身者調査)」[8]によると，図表3-4に示すように，女性の理想とするライフコースをたずねたところ，「両立コース」(結婚し子どもを持つが，仕事も一生続ける)および「再就職コース」(結婚し子どもを持つが，結婚あるいは出産の機会にいったん退職し，子育て後に再び仕事を持つ)を選択する者が2005年時点でそれぞれ30%を超えている。特に両立コースを選択する者については1987年の調査以降一貫して増加傾向にあるなど，家庭と仕事を両立しようとする女性の就業意欲の高まりが見られる。一方，「専業主婦コース」は減少しており，女性の社会進出の意欲の高まりが垣間見られる。

【M字型カーブ】

　女性の就業パターンを年齢階級別労働力率でみた場合，図表3-5に示すように教育期を終えた20歳代前半に高く，労働力率は，「25～29歳」(85.1%)と「45～49歳」(81.4%)を左右のピークとし，「35～39歳」(76.7%)を底とするM字型カーブを描いているが，労働力率の底の値は上昇している。このように，結婚・出産期の30歳代から一時低下し，育児期を終えた40歳代後半から再び上昇するというパターンを形成している。しかし，日本以外の欧米諸国の多くはM字型をとらず，なだらかな高原型(逆U字型)を形成している。日本で

も最近M字型の底が上方にさらには右に移動し，とくに30歳代における「窪み」が浅くなってきていることが読み取れる。その要因として，女性の晩婚化や未婚率の上昇が進み，結婚・出産年齢の変化，結婚・出産に伴う退職の動向の変化，雇用形態の変化，結婚せずに継続的に働く女性が増え，また，女性の働く環境が整備されつつあることがあげられる。

　少子高齢化の進展，社会経済情勢の急速な変化に対応していくうえで，男女が，互いにその人権を尊重しつつ責任も分かち合い，性別にかかわりなく，その個性と能力を十分に発揮することができる男女共同参画社会の実現は，喫緊の課題となっていることから，1999年に男女共同参画社会基本法が制定された。この法に基づきながら，就業と出産・育児・介護の両立が可能となるような施策，たとえば2009年に，育児・介護休業法が改正されたり，保育サービスの徹底，男性の家事労働への積極的参加，そのための労働時間の短縮などが整備されてきている。

【潜在有業率】

　潜在有業率とは実際に働いている有業者に，現在無業であっても就業を希望している者を加えた人数の15歳以上人口に占める割合をいう。女性の実際の労働力率はM字型カーブを描いているが，潜在有業率はM字型カーブを形成していない。これは，現実には働いていないが，就業を希望している女性の割合が高いためである。

　また，就業率と潜在的労働力率の差は大きく，最も格差があるのは，30〜34歳でその差は約24％（平成12年）と大きく，働く意欲はあるものの就業に結びついていない者が多く存在していることがうかがえる。一方，図表3-5に示すように男性は，女性にみられるM字型を形成しておらず，男性の就業率，および女性の潜在的労働力率ともに高原型を描いている。

（4）家事分担

【家事労働時間】

　家事関連時間は図表3-6に示すように，男性は1時間16分，女性は4時間11分と男女間では2時間55分の差がみられる。小分類別にみると，家事時間のうち，食事の管理が男性12分，女性1時間28分と最も長く，その差は1時

間16分である。男女の差は縮小してきてはいるが，依然として大きい。

　図表3-7に示すように，子どもがいる世帯のうち，「共働き世帯」および「夫が有業で妻が無業の世帯」について，過去20年間の夫と妻の生活時間の推移をみると，平成8年に比べ，夫の家事時間は「共働き世帯」で7分から15分と8分の増加，「夫が有業で妻が無業の世帯」で5分から10分と5分の増加となっている。一方，妻の家事時間は「共働き世帯」で3時間35分から3時間16分と19分の減少，「夫が有業で妻が無業の世帯」で5時間2分から4時間35分と27分の減少となっており，家事時間は，共働きか否かにかかわらず，夫が増加傾向，妻は減少傾向を示している。夫の育児時間は，平成8年に比べ，「共働き世帯」，「夫が有業で妻が無業の世帯」ともに13分の増加となっている。一方，妻の育児時間は，「共働き世帯」で37分の増加，「夫が有業で妻が無業の世帯」で54分の増加となっており，育児時間は，共働きか否かにかかわらず，夫妻ともに増加傾向となっている。

【性別役割分業意識】

　内閣府（男女共同参画局）が2019（令和元）年9月に実施した「男女共同参画社会に関する世論調査」によると，図表3-8に示すように，家庭生活について「夫は外で働き，妻は家庭を守るべきである」という考え方に対する割合は，2016（平成28）年の調査では，男女ともに反対する者の割合（「反対」＋「どちらかといえば反対」）が，賛成する者の割合（「賛成」＋「どちらかといえば賛成」）を上回り，2019（令和元）年の調査では，反対する者の割合（「反対」＋「どちらかといえば反対」）が，女性で63.4％，男性で55.6％となっている。男女とも長期的にみても反対する者の割合は増加傾向にある。

　ところで，夫の家事協力があったとしても，技術的な意味での仕事の振り分けであり，家事労働の責任の振り分けではない。このことは女性にとって，家事労働が軽減されることなく，職業労働に従事することによって，負担がますます重く女性にのしかかってくることになるだろう。山下美紀[9]は，「男は仕事，女は仕事も家事も」という新・性別役割分業を問題視している。ただし，若い女性の間には新専業主婦傾向もみられ，家庭中心の優しい夫に家事・育児を手伝ってもらいながら，そのかたわらで趣味に生きるという新・新性別役割分業意識（「男は仕事と家庭，女は家庭と趣味」）をもった女性が増加

図表3-6　男女別無償労働時間（平成23年，28年）──週全体

（時間．分）

	男			女			平成28年男女差
	平成23年	平成28年	増減	平成23年	平成28年	増減	
無償労働	1.15	1.16	0.01	4.14	4.11	-0.03	-2.55
家事	0.37	0.40	0.03	2.59	2.57	-0.02	-2.17
食事の管理	0.10	0.12	0.02	1.31	1.28	-0.03	-1.16
園芸	0.09	0.09	0.00	0.09	0.07	-0.02	0.02
住まいの手入れ・整理	0.10	0.10	0.00	0.36	0.35	-0.01	-0.25
衣類等の手入れ	0.02	0.03	0.01	0.27	0.30	0.03	-0.27
その他	0.05	0.05	0.00	0.15	0.16	0.01	-0.11
育児	0.07	0.07	0.00	0.23	0.25	0.02	-0.18
乳幼児の身体の世話と監督	0.01	0.01	0.00	0.09	0.10	0.01	-0.09
乳幼児と遊ぶ	0.03	0.02	-0.01	0.06	0.05	-0.01	-0.03
子供の付き添い等	0.01	0.02	0.01	0.02	0.04	0.02	-0.02
子供の送迎移動	0.01	0.01	0.00	0.04	0.04	0.00	-0.03
その他	0.00	0.00	0.00	0.01	0.02	0.01	-0.02
買い物・サービスの利用	0.17	0.17	0.00	0.32	0.30	-0.02	-0.13
家事関連に伴う移動	0.09	0.08	-0.01	0.15	0.14	-0.01	-0.06
ボランティア活動関連	0.06	0.05	-0.01	0.05	0.04	-0.01	0.01

出所）図表3-1に同じ，p.5

図表3-7　共働きか否か，行動の種類別生活時間の推移（平成8年～28年）──週全体，夫婦と子供の世帯の夫・妻

（時間．分）

		共働き世帯					夫が有業で妻が無業の世帯				
		平成8年	平成13年	平成18年	平成23年	平成28年	平成8年	平成13年	平成18年	平成23年	平成28年
夫	仕事等	8.14	8.02	8.22	8.30	8.31	8.12	8.11	8.19	8.22	8.16
	家事関連	0.20	0.26	0.33	0.39	0.46	0.27	0.35	0.42	0.46	0.50
	うち家事	0.07	0.09	0.11	0.12	0.15	0.05	0.07	0.08	0.09	0.10
	育児	0.03	0.05	0.08	0.12	0.16	0.08	0.13	0.17	0.19	0.21
妻	仕事等	4.55	4.38	4.43	4.34	4.44	0.03	0.04	0.02	0.04	0.06
	家事関連	4.33	4.37	4.45	4.53	4.54	7.30	7.34	7.34	7.43	7.56
	うち家事	3.35	3.31	3.28	3.27	3.16	5.02	4.49	4.42	4.43	4.35
	育児	0.19	0.25	0.36	0.45	0.56	1.30	1.48	1.57	2.01	2.24

出所）図表3-1に同じ，p.12

図表3-8 「夫は外で働き，妻は家庭を守るべきである」という考え方に関する意識の変化
（男女別）

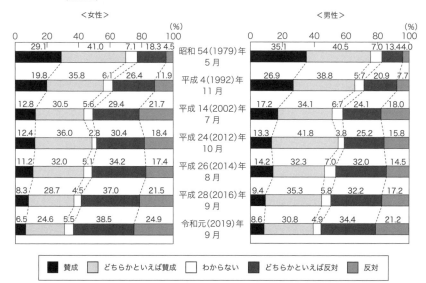

備考）1．総理府「婦人に関する世論調査」（昭和54年）及び「男女平等に関する世論調査」（平成4年），内閣府
　　　　「男女共同参画社会に関する世論調査」（平成14年，24年，28年，令和元年）及び「女性の活躍推進に
　　　　関する世論調査」（平成26年）より作成。
　　　2．平成26年以前の調査は20歳以上の者が対象。平成28年及び令和元年の調査は，18歳以上の者が対象。
出所）内閣府男女共同参画局『令和2年版　男女共同参画白書』2020年，p.20

　していると指摘している。家族の期待も人々の意識も多様化してきており，
いろいろな生き方をする人がいるので，自分の価値観を押しつけることなく，
個人の生き方を尊重しながら対応していく柔軟さが求められる。このことは，
男女共同参画社会の実現につながっていくと思われる。
　前述のワーク・ライフ・バランスでも述べたが，性別役割分業意識の解消
のみならず，男性の長時間労働の抑制や育児休暇の取得の推進，女性の継続
就業を図るための仕事と家事の両立支援など，社会システムの見直しが必要
である。

（5）家事労働の貨幣評価

　家事労働はアンペイド・ワークといわれるが，なぜ，賃金が支払われない

のか。その理由の1つには労働の性質によることと，もう1つは家事労働の評価方法あるいはその背景にあるシステムに原因が求められる。家事労働は市場を介さずに行われるため，国民経済計算体系には記録されない。しかし，同様の仕事をしても社会活動の中で生産行為が行われると貨幣評価される。私的な家庭という生産活動内で行われるので評価されないということは，それに従事している人にとっては大きな問題である。

　貨幣評価[10]には，インプット法とアウトプット法が検討されている。インプット法は，アンペイド・ワークに投入された労働で示そうとするもの，アウトプット法はアンペイド・ワークの成果＝財・サービスのアウトプットに対する市場価格で示そうとするものである。

　インプット法を用いた貨幣評価の方法[11]には，次のような試みがある。無償労働の貨幣評価の方法として，無償労働に費やしている時間をベースに，賃金評価する手法が用いられる。具体的には，「（年間の）無償労働の貨幣評価額＝（年間の）1人当たり無償労働時間×時間当たり賃金×人口」で表される。

　①機会費用法（Opportunity Cost method：OC法）

　　　家計が無償労働を行うことによる逸失利益で評価する方法である。無償労働を行った者の賃金率を使用するため，評価額には，男女間の賃金格差などが反映し，無償労働の内容ではなく，誰が無償労働を行ったかで評価が変わりうる。

　②代替費用法スペシャリストアプローチ（Replacement Cost method, Specialist approach：RC-S法）

　　　家計が行う無償労働を，市場で類似したサービスの生産に従事している専門職種の賃金で評価する方法である。ただ，家計と専門職種では，規模の経済性や資本の違いによる生産性格差が存在する。

　③代替費用法ジェネラリストアプローチ（Replacement Cost method, Generalist approach：RC-G法）

　　　家計が行う無償労働を家事使用人の賃金で評価する方法である。ただし，家事使用人は，家計の無償労働のすべてを行うわけではない。

　図表3-9に3方法で評価した金額を挙げる。1人あたり年間家事活動評価額は，OC法では，女性の場合夫が有業で妻が無業の世帯（専業主婦）の無償労

図表3-9 性別・就業形態別・配偶関係別の1人あたり家事活動評価額（2016年）

(1,000円)

	男性	有業 有配偶	無業 有配偶	有配偶 以外	女性	有業 有配偶	無業 有配偶	有配偶 以外
OC法	508	499	804	394	1,935	2,357	3,045	929
RC-S法	331	302	576	263	1,549	1,811	2,479	770
RC-G法	299	270	525	240	1,431	1,672	2,289	715

出所）内閣府経済社会総合研究所国民経済計算部地域・特定勘定課「無償労働の貨幣評価」平成
30年，令和元年6月修正p.31をもとに作成
https://www.esri.cao.go.jp/jp/sna/sonota/satellite/roudou/contents/pdf/190617_
kajikatsudoutou.pdf（2021年8月アクセス）

働評価額が最も多く，年齢平均では304.5万円，有業有配偶の無償労働評価
額は235.7万円となっている。一方，男性の場合，全体では，有配偶以外の貨
幣評価額が最も低い。それぞれの評価方法により評価額が異なる。アンペイ
ド・ワークである家事労働を貨幣評価しようとする試みがなされているが，ど
れも妥当性のある評価とは言い難い面が内在している。

　現代社会には，クリーニング，出来合いのお惣菜，食材の宅配など家事を
する代わりにサービスを購入・外注する手段はたくさんある。しかし，サー
ビスの利用によって賄われているのは，家事全体のほんの一部に過ぎない。
山田昌弘は便利なサービスがあまり利用されないのは，家事を「私にしかで
きない肯定的な意味のある仕事」「家族への愛情表現」ととらえる意識が原因
と述べている[12]。つまり主婦自身が家事のハードルをあげ「私の仕事」とし
て背負い込むことで，ほかの家族メンバーが家事参加しにくくなるという構
図が発生してしまうというのである。欧米では，家事はプライベートなもの
で，家庭外の仕事とは同列に論じられない種類のものと考えられている。し
たがって，「誰が家事の担当者であるか」という発想ではなく，誰もが等しく
家事をする責任を担う。そして，家族みんなで家事を共有することで，家族
のコミュニケーションが図られ家庭生活が充実するととらえている。家庭科
で，ジェンダーを前面に出して，母の仕事，女性の仕事として意識させるよ
うな指導は避けなければならない。そして，生活者としてすべてに取り組む
責任を自覚させるような児童への指導を心がけたい。

確認問題

1　自己の1週間の生活時間を調査し，平日と土曜日，日曜日の過ごし方を見直してみよう。総務省やNHKの調査データと比較し，自己の生活の特徴や改善点を見つけよう。
2　家事労働の社会化のメリット，デメリットを考察しよう。
3　職業労働と家事労働について賃金，仕事の性格，代替性などの観点から比較をしよう。そして家事労働の意義を理解しよう。

引用文献・より深く学習するための参考文献
1)　大藪千穂『生活経済学』放送大学教育振興会，2012年，pp.222-227
2)　男女共同参画会議　仕事と生活の調和（ワーク・ライフ・バランス）に関する専門調査会「『ワーク・ライフ・バランス』推進の基本的方向報告」2007年
3)　柏木惠子編著『よくわかる家族心理学』ミネルヴァ書房，2010年，pp.208-209
4)　日本家政学会生活経営学部会『持続可能な社会をつくる生活経営学』朝倉書店，2020年，p.67
5)　日本家庭科教育学会『生きる力をそなえた子どもたち——それは家庭科教育から』学文社，2013年，p.40
6)　直井道子編著『家事の社会学』サイエンス社，1989年，pp.32-33
7)　2012年度調査グループ「第9回働く女性と暮らしの調査——企業人として・生活者としての意識と実態」日本ヒーブ協議会，2013年，p.10
8)　http://www.ipss.go.jp/ps-doukou/j/doukou15/doukou15_gaiyo.asp（2021年8月アクセス）
9)　石川実編『高校家庭科における家族・保育・福祉・経済——「家庭総合」・「家庭基礎」指導の基礎知識』家政教育社，2002年，p.48
10)　伊藤純・斎藤悦子編著『ジェンダーで学ぶ生活経済論 第2版』ミネルヴァ書房，2015年，p.122
11)　内閣府経済社会総合研究所国民経済計算部地域・特定勘定課「無償労働の貨幣評価」平成30年12月，令和元年6月修正，p.31
12)　前掲3)，p.57

第 4 章

食事の役割・バランスのよい食事

　私たちは食べ物を摂取することにより成長し，健康を保持・増進している。しかし，近年，朝食欠食，生活習慣病や肥満の増加，過度の痩身志向など食と健康に関する問題が顕著になってきている。

　本章では，健康に配慮し，よりよい食生活を実践することができるよう，食事の役割，栄養素の種類やはたらき，1日に必要な栄養素量，バランスのよい献立作成の基礎について学ぶ。

キーワード

　食事の役割　栄養素　食事摂取基準　食品群　献立

1　食事の役割

　動物やヒトは，日光や水などで成長する植物と異なり，食べ物から必要な栄養や水分を吸収することで成長し，健康を保持・増進している。食事摂取を通じて生命を維持している点では動物も同じだが，私たち人間は，食品を調理，加工したり，量やバランス，生活リズムなどを考え食事を摂っている。また，地域特有の食文化や食習慣もある。食事には次のような大切な役割がある。

図表4-1　朝食摂取と学力（小学6年生）

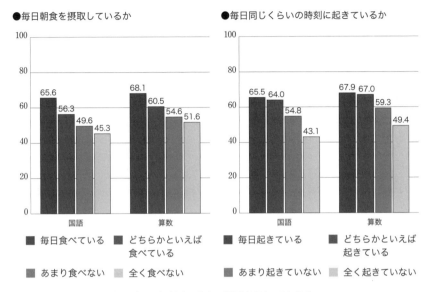

●毎日朝食を摂取しているか

●毎日同じくらいの時刻に起きているか

出所）文部科学省「平成31年度（令和元年度）全国学力・学習状況調査」より作成

（1）健康の保持・増進

　食事は健康や成長に必要なエネルギー量や栄養を摂取し，心身の健康を保つとともに成長や活動を支えるもとになる。必要なエネルギー量や栄養素量は，「食事摂取基準」（p.66）において年齢，性別などに分けて示されている。「食事摂取基準」を満たすために何をどのくらい食べたらよいか具体的な食品を用いて示したものに「食品群別摂取量のめやす」（p.68）や「食事バランスガイド」（p.69）などがある。健康の保持・増進のためには，これらを参考にバランスのよい食事摂取が大切である。

（2）食欲の充足と生活リズムの維持

　私たちは空腹になると食欲がわく。この食欲は胃がコントロールしているのではなく，脳の視床下部にある満腹中枢，空腹中枢によりコントロールされている。食べ物を摂取すると血糖値が上がり，脳へ満腹になった指令が送られ，食べる行為を止めるようになる。消化吸収が進み，血糖値が下がると

脳から血糖値を上げるよう指令が出され，これが空腹を知らせるサインとなり摂食行動を促す[1]。

　このように健康なときは食欲は脳によりコントロールされているが，気持ちが沈んでいるときは空腹でも食欲がわかないことがある。食欲は血糖値だけでなく精神状態の影響も受ける。健康な食生活をおくるためには心の健康を維持することも大切である。

　また，規則正しい食生活のリズムは消化・吸収を促すだけでなく，生活リズムもつくる。とくに朝食摂取は体温を上げ，身体を目覚めさせるとともに，脳の活動のエネルギー源となり，午前中の集中力を高める役割がある。図表4-1に示すように毎日，同じくらいの時刻に起き朝食を摂取している児童が学力でも高いポイントとなっている[2]。

（3）精神的充足

　食べ物をおいしいと感じる感覚は，五感と深く関わっている。栄養バランスがすぐれた食品や料理であっても，色彩や食感などの満足度が低ければ食欲もおいしさも低下する。五感による満足度が高いと，食べものはよりいっそうおいしく感じられ，精神的にも満たされる。五感とおいしさの関係について考えてみよう。

【視覚】

　おいしそうな食べ物を見ると，雑誌の誌面やテレビの映像など実物が目の前になくても食欲をそそられることがある。また，美しい盛り付けや彩りは食べる楽しみをもたらす。一方，見た目がおいしそうではない食べ物や未知の食材に対しては食欲が減退することがある。視覚は食欲に大きな影響を及ぼす。

【嗅覚】

　肉を焼いているときやカレーを煮こんでいるときなど調理時のおいしそうな匂いは食欲を刺激する。また，実際に口に運んだ瞬間の匂いの有無もおいしさに影響を及ぼす。風邪をひいたときに味の感じ方が鈍るのは，嗅覚が十分に機能していないためである。オレンジやレモンの香りがついたフレーバー水は，味がなくても香りがあるだけでジュースを飲んでいるような感覚に

なる。嗅覚は味覚とも深く関わっている。

【味覚】

　私たちは，舌にある味蕾（みらい）で五味（甘味，塩味，酸味，苦味，うま味）を感じながら食べ物を摂取している。味蕾は，舌の先端，両脇，奥の３カ所にある。唾液により溶解された食べ物が味蕾にある味細胞で味を認識し，神経を通じて大脳の味覚中枢に伝えている。辛味や渋味は味蕾ではなく舌表面の痛覚で感じている。

　味覚は温度により感じ方も異なる。たとえば甘味は温度が低いときには弱く，体温付近で最も強く感じる。同じ糖度の缶コーヒーでも温かいと甘く感じ，冷たいと甘味が控えめに感じられることがある。甘味の感じ方は液体のほうが固体より感じやすい。

【聴覚】

　炒め物や揚げ物などの調理の音は食欲を増進させる効果がある。また，麺をすする音，せんべいをかじった時の音など食べるときの音は食べている本人だけでなく，それを聴く人の食欲にもつながる。

【触覚】

　食べ物を食べたときの硬さや歯ごたえなどの感覚をテクスチャー（texture）という。私たちは食べ物に対し，経験値から望ましいテクスチャーを記憶している。実際に食べたときのテクスチャーが期待どおりだとおいしく感じられ満足度が高まる。たとえばリンゴを食べるときには，期待している硬さや歯ごたえなどがあるが，実際に食べたときにしんなりして柔らかいなど期待した歯ごたえと異なるとおいしさは減少して感じられる。

　食事は，「五感」で感じる以外にも誰と食べるか，どこで食べるか，どのような照明や空間かなどによって，おいしさの感じ方や満足度が異なる。一人で食べる食事より，家族や仲のよい友人と食べる食事はおいしく感じられる。楽しい会話は食事をさらにおいしく，和やかな気持ちにさせる。楽しい食卓を工夫することは，精神的な満足度や充足感にもつながる。

図表4-2　年中行事と行事食

日にち	行　事	行　事　食
1月1日	正月	おせち，屠蘇，雑煮
1月7日	人日の節句	七草粥
1月11日	鏡開き	雑煮，汁粉
1月15日	小正月	あずきがゆ
2月3日	節分	煎り大豆
3月3日	上巳の節句	ちらしずし，はまぐりの吸い物
3月21日頃	彼岸（春分）	精進料理，ぼたもち
5月5日	端午の節句	ちまき，柏餅
7月7日	七夕の節句	そうめん
9月9日	重陽の節句	菊酒，菊飯
9月23日頃	彼岸（秋分）	おはぎ
11月15日	七五三	千歳飴
12月22日頃	冬至	かぼちゃ
12月31日	大晦日	年越しそば

出所）江原絢子編『日本の食文化──その伝承と食の教育』アイ・ケイ
　　　コーポレーション，2009年，p.142より作成

（4）食文化の伝承・継承

　郷土料理や行事食を食することは，食文化の伝承・継承にもつながる。日本は南北に長く，山や海などの地形，四季の変化により，各地方・地域で特有の食文化がはぐくまれてきた。食品加工技術や流通などの進展から，今日ではいつでもどこでも同じ味が楽しめるようになったが，郷土料理はその土地の季節の食材を用いた料理が多く，地産地消の原点でもある。

　また，日本は行事と食の結びつきが強く，1年間の暦の行事（ハレ）の日には決められた食事を食し，それ以外の日（ケ）には日常食を食するという食生活が営まれてきた（図表4-2）。年中行事以外にも誕生から成長の節目を祝う通過儀礼と食の結びつきもあり，今でも赤飯は祝いの席に供されている。

　食事様式については，日本の気候が稲作に適していたことから米を主食とし，汁物とおかず3品（主菜1品，副菜2品）の一汁三菜の様式が発達した。主菜には近海でとれる魚介類や大豆製品，副菜には四季折々の野菜やイモが取り入れられた。米を中心とし多様なおかずから構成される日本の食事形式は「日本型食生活」として海外からも注目されている。

図表4-3　正しい配膳図とマナー

ひと口大の大きさに箸で切り分けてから口に運ぶ。

飯は茶碗の約8分目程度の量をよそう。

迷い箸や刺し箸，寄せ箸などはせず，正しい持ち方と使い方で食べる。

熱いものは熱いうちにいただく。一尾の焼き魚などは頭から尾に向かって食べ，食べ終わったら骨や皮をまとめておく。

汁物は音を立てずに飲む。

茶碗と汁碗は必ず手に持っていただく。

主菜

副菜

副々菜

主食（飯）

汁

2013年には「和食；日本人の伝統的な食文化」がユネスコ無形文化遺産として登録された。「和食」を「『日本人の伝統的な食文化』が『自然を尊ぶ』という日本人の気質に基づいた『食』に関する『習わし』」とし，特徴として「多様で新鮮な食材とその持ち味の尊重」「栄養バランスに優れた健康的な食生活」「自然の美しさや季節の移ろいの表現」「正月などの年中行事との密接なかかわり」の4つをあげている[3]。

　郷土料理や行事食，米飯やみそ汁を中心とした食事など日本の伝統的な食文化を伝承していくことも食事の役割の一つといえる。

（5）食事とマナー

　楽しく，おいしく食事をいただくには，それにふさわしいマナーで食することが大切である。正しい箸の使い方，食器の並べ方や扱い方はもとより，食べる速さや会話の内容，声の大きさなどにも配慮したい（図表4-3）。また，食事の始めと終わりには感謝の気持ちをこめてあいさつをするとともに，供されたものを残さず食べるなど，食事を大切にする意識をもって食することも大切である。

　このように食べる行為は，ただ生きるためだけではなく，栄養を満たし，食欲を満たし，心を満たす役割，そして文化伝承などの役割がある。

図表4-4　栄養素とおもなはたらき

エネルギー源になる			

	炭水化物	穀類，いも類，砂糖
	脂質	油脂類
	たんぱく質	魚，肉，卵，豆・豆製品
	無機質	乳製品，海藻
	ビタミン	野菜，果物，きのこ類

（エネルギー源になる／体をつくる／体の調子を整える　――　炭水化物／脂質／たんぱく質／無機質／ビタミン）

2　栄養素の種類と働き

　人間が生命を維持したり，活動したり，さらに成長するために必要な成分を栄養素という[4]。私たちは，食べ物の摂取を通じて必要な栄養素を体内で消化・吸収している。栄養素のはたらきは大きく分けると「エネルギー源になる」「体をつくる」「体の調子を整える」の3つに分類することができる。栄養素は体内でのはたらきにより，炭水化物，脂質，たんぱく質，無機質（ミネラル），ビタミンに分けられ，5大栄養素と呼ばれている。「エネルギー源になる」のは炭水化物，脂質，たんぱく質，「体をつくる」のはおもにたんぱく質，無機質，「体の調子を整える」のはおもに無機質とビタミンである（図表4-4）。

　健康の保持・増進や成長のためには，さまざまな食品を組み合わせてすべての栄養素を摂取するようにする。

（1）炭水化物

　炭水化物は，消化酵素により分解されエネルギー源になる糖質と，分解されずエネルギー源にはなりにくい食物繊維に分類することができる（図表4-5）。糖質は，1グラムあたり4キロカロリーのエネルギー源となる。炭水化物を多く含む食品には，穀類・いも類・砂糖などがある。

　炭水化物は，食べ物に含まれる段階では，構造により単糖類，二糖類，多糖類に分類される。糖質は，消化の段階ですべて単糖類に分解され体内に吸収される。多くはエネルギー源として働くが，過剰に摂取した分は肝臓でグリコーゲンや脂質に合成され貯蔵される。その後，利用されずに貯蔵が続くと肥満の原因になる。1日に必要なエネルギー量の60%は炭水化物から摂取

図表4-5　炭水化物の種類

糖 質	単糖類	ぶどう糖	果物，野菜
		果糖	果物，はちみつ
		ガラクトース	乳糖
	二糖類	ショ糖	さとうきび，テンサイ
		麦芽糖	水あめ
		乳糖	母乳，牛乳
	多糖類	でんぷん	穀類，いも類
		デキストリン	あめ
		グリコーゲン	筋肉・肝臓
食物繊維		セルロース	果物・野菜
		ガラクタン	かんてん
		グルコマンナン	こんにゃく

出所）『生活学Navi　資料＋成分表　2013』実教出版，2013年から作成

するのが望ましいとされている。３食の各食事で米やパン，麺など炭水化物を多く含む主食を摂ることが大切である。

　単糖類に含まれるぶどう糖は脳の唯一のエネルギー源である。朝食に炭水化物を摂取することは，午前中の脳の働きを活発にする役割もある。

　食物繊維は，野菜や海草，きのこ類，いも類，豆類などに含まれ，消化酵素で分解されず排泄されるのでエネルギー源になりにくいが，体の調子を整える次のような役割がある。

　　①便通をよくする

　　②脂肪やコレステロールの吸収を抑制し動脈硬化を防ぐ

　　③有害物質を吸収し，腸の調子を整え大腸がんを予防する

　　④満腹感を与え，エネルギーの過剰摂取を防ぐ

　　⑤食後の血糖値の上昇を抑える（糖尿病予防）

【炭水化物を含むおもな食品】

〈米〉

　日本は稲作に適した気候であり，私たち日本人は米を主食としている。

　食用に流通している米には，うるち米ともち米がある。うるち米ともち米では，含まれるでんぷんの種類と割合が異なる。うるち米のでんぷんはアミロース20％とアミロペクチンが80％の割合で含まれている。もち米のでんぷ

んはアミロペクチン100%である。アミロースはでんぷんが直線の鎖状につながった形状だが，アミロペクチンはサンゴのような枝状の形状をしており，互いに絡みやすく，それが粘りの強さになっている。また，うるち米は，ジャポニカ種とインディカ種に分類できる。日本で一般的に食されているジャポニカ種はアミロースの割合が少ない短粒米で，炊いたときに粘りのある飯になる。東南アジアを中心に海外で食されているインディカ種は，アミロースの割合が多い長粒米で，炊き上がりに粘りがなく口の中でほどけるようなテクスチャーが感じられる。

米は精米前の胚芽がついているものを玄米といい，胚芽を80%以上残し精米したものを胚芽精米，ぬか層と胚芽を除去した米を精白米という。玄米，胚芽精米は精白米に比べ，ビタミンB_1や食物繊維を多く含み，栄養価がすぐれている。無洗米は，精白米の表面の凹凸状のくぼみに残った糠を除去してあるため，洗米の必要がなく，とぎ汁を流さなくてもよい点では環境によいといえる。

〈小麦〉

小麦はでんぷんを約75%含む。小麦に含まれるたんぱく質のグリアジンとグルテニンは，水を加えて練るとグルテンが形成され粘りや弾力性を生じる。小麦を加工して作られるパンや麺は，この性質を利用して作られている。

小麦粉は含まれるたんぱく質の含有量により薄力粉（8%），中力粉（9〜10%），強力粉（約12%）に分類される。薄力粉は菓子や天ぷらの衣などに，中力粉はうどんやそうめんなどの麺類に，強力粉は主食となるパンやパスタなどに利用されている。

〈いも類〉

いも類は，でんぷんを多く含みエネルギー源になるが，食物繊維やビタミンCも多く含む。いも類のビタミンCは調理による損失が少ない。

〈砂糖〉

おもな成分はショ糖で，甘味料として利用されている。グラニュー糖が最も精製度が高くショ糖が99.9%である。上白糖は97.8%，黒砂糖は80%である。黒砂糖はミネラル分も含み独特の味や香りをもつ。

砂糖は親水性が強く，水に溶けやすい性質がある。100グラムの水に溶解

図表4-6　脂肪酸の種類と特性

分　類		名　称	特　性	おもな所在
飽和脂肪酸 （常温で固体のものが多い）		パルミチン酸 ステアリン酸など	・コレステロール値を高める。 ・過剰摂取で動脈硬化，不足すると脳卒中の原因になる	バター，ラード，ヘット
不飽和脂肪酸 （常温で液体のものが多い）	一価不飽和 脂肪酸	オレイン酸	・動脈硬化の原因となるコレステロールを低下させる	オリーブ油，米ぬか油
	多価不飽和 脂肪酸	リノール酸	・成長・発育に必要 ・皮膚の状態を正常に維持	大豆油，綿実油，サラダ油など
		リノレン酸 DHA（ドコサヘキサエン酸） IPA（イコサペンタエン酸）	・脳・神経の機能を正常に保つ	魚油，ごま油

出所）『家庭基礎［家基308］』大修館書店，p.93参照

できる量は，水温が20℃のときは203.9グラムだが，90℃になると415.7グラムと温度が高くなると溶解度も高くなる[5]。砂糖水は加熱すると温度により状態が変化する。たとえば100〜105℃では液体状のシロップ，120〜125℃では軟らかく固まった状態のキャラメル，130℃〜135℃ではヌガー，150〜155℃では完全に硬くなった状態のドロップ，160〜190℃では色も褐色になり風味のよいカラメルになる[5]。

（2）脂　質

　脂質の種類は中性脂肪，リン脂質，コレステロールなどに分類されるが，食品中に含まれる脂質のほとんどは脂肪酸とグリセリンが結合した中性脂肪である。脂肪は1グラム当たり9キロカロリーのエネルギー源となる。

　脂肪酸は，図表4-6に示すように飽和脂肪酸と不飽和脂肪酸に分類できる。

　飽和脂肪酸は牛・豚などの動物性脂肪で，常温で固体のものが多い。一方，不飽和脂肪酸は植物や魚油などで，常温で液体のものが多い。この不飽和脂肪酸には，私たちの身体には必要だが，体内で合成することのできない**必須脂肪酸**であるリノール酸やリノレン酸が含まれている。

　飽和脂肪酸にはコレステロール値を上げるLDL（low density lipoprotein）が

多く含まれるが，不飽和脂肪酸にはコレステロール値を下げるはたらきのある HDL（high density lipoprotein）が含まれている。また，魚油に含まれているドコサヘキサエン酸（DHA）やイコサペンタエン酸（IPA）は，脳の働きを活発にし，動脈硬化を予防するはたらきがある。

　脂肪は過剰に摂取すると蓄積され肥満，生活習慣病につながる可能性もあるが，不足すると免疫力が低下したり血管が脆弱化する。食品に含まれる脂質は，同じ食材でも肉や魚は部位により脂質の量が異なる。たとえば，和牛肉のサーロイン可食部100グラムあたりの脂質量は47.5グラムだが，ヒレでは15.0グラムである[6]。同様にクロマグロの脂身部分は27.5グラムだが，赤身は1.4グラムである[6]。脂質の摂取量を控えたいときは少ない部位を選択するなど工夫するとよい。

【脂質を含むおもな食品】

　〈油脂類〉

　バターやサラダ油などの油脂類は料理に風味やこくを加える役割がある。油脂類を用いた調理は高温短時間で調理できるので，栄養素やうま味の損失が少ない。また，油脂類は脂溶性ビタミンを吸収しやすくするので，効率よく摂取することができる。

（3）たんぱく質

　たんぱく質は私たちの髪の毛，皮膚，爪，筋肉など多くの臓器や細胞を構成するほか，酵素や免疫体，ホルモンなどをつくるはたらきもあり，1グラムあたり約4キロカロリーのエネルギー源となる。たんぱく質は食品として摂取したあと，最小単位のアミノ酸に分解される。その後，体の構成などに必要なたんぱく質に再度合成されるが，そのときに必要なアミノ酸が約20種類ある。その必要なアミノ酸のなかで，体内で合成することのできない9種類のアミノ酸（イソロイシン，ロイシン，リシン（リジン），含硫アミノ酸，芳香族アミノ酸，トレオニン（スレオニン），トリプトファン，バリン，ヒスチジン）を必須アミノ酸という。この必須アミノ酸は理想的な含有量（アミノ酸評点パターン）があり，この含有量を満たしているかどうかでたんぱく質の栄養価が評価される。たとえば食パンの場合，アミノ酸評点パターン（18歳以上）を100%とした

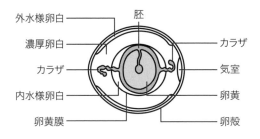

図表4-7 卵の構造

出所)『生活学Navi 資料＋成分表 2013』実教出版，2013年，p.256から作成

ときに，リジンが必要量の51%（「日本食品標準成分表2015年（七訂）アミノ酸成分表編」による）しか満たしていないため，たんぱく質としての評価であるアミノ酸価は51となる。一方，鶏卵はすべてが100%を満たしているので，アミノ酸価は100となり，たんぱく質として良質といえる。食パンと卵をともに食べることで，必須アミノ酸の量は100を満たし，リジンの不足分を補うことができる。これをたんぱく質の補足効果という。

　たんぱく質を多く含む食品には肉類，魚介類，卵，豆・豆製品などがある。
【たんぱく質をおもに含む食品】
　〈卵〉
　卵は，必須アミノ酸をバランスよく含み，たんぱく質として優れているだけでなく，ビタミンC以外のすべてのビタミンを含む栄養価の高い食品である。卵の構造を図表4-7に示す。卵の殻の表面には多数の孔が開いており，水分や二酸化炭素が蒸散している。日にちが経つと気室部分が大きくなる。水に入れたときに鮮度が高ければ沈み，気室が大きいと水に浮くので鮮度が低いという目安になる。

　卵白はドロドロした粘性のある濃厚卵白とさらさらした水様卵白があるが，日にちが経つと濃厚卵白が水様化してくる。卵を割ったときに濃厚卵白が多いと卵黄が濃厚卵白に支えられ，盛り上がったように見えるが，古くなると濃厚卵白が水様化するため，卵黄が平たくなる。割ったときにひも状のカラザが見えることがある。これは卵黄が揺れても中央に保つためのハンモックのひものような役割がある。

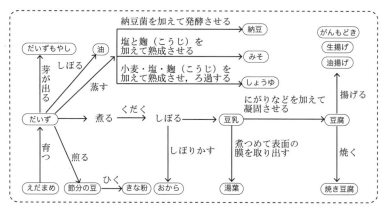

図表4-8　大豆の加工品

出所）『生活学Navi　資料＋成分表　2013』実教出版，2013年，p.169より作成

卵は，加熱すると凝固する熱凝固性，卵白の起泡性，卵黄の乳化性などの調理特性があり，これらを利用した多様な料理がある（第5章p.89参照）。

〈肉類〉

牛・豚・鶏肉が一般的に食されているが，いずれも良質のたんぱく質を含んでいる。肉は部位により脂質やたんぱく質の量も異なり，適した料理や調理法がある。

〈魚介類〉

良質のたんぱく質を含み，生や加熱調理などで摂取するほか，干物やかまぼこ，ちくわなどの練り製品など加工食品としても食されている。

〈豆・豆製品〉

良質のたんぱく質を含み，「畑の肉」ともいわれている。日本は，大豆を加工した食品や調味料が発達し，みそやしょうゆなどの調味料のほか，豆腐や油揚げ，納豆など加工食品の種類も多い（図表4-8）。

(4) 無機質

無機質は体重比率5％とごく微量だが，体の組織を構成する重要な栄養素である。おもな種類の特徴と過剰症・欠乏症を図表4-9に示す。日本人は，無機質の中では常にカルシウムと鉄分が不足しがちである。

図表4-9　無機質の種類とおもなはたらき

種　類	おもなはたらき	▽欠乏症　△過剰症	多く含む食品
カルシウム （Ca）	骨や歯の形成。血液凝固。精神の緊張緩和。	▽骨粗鬆症，骨折しやすくなる。成長抑制 △泌尿器系結石	煮干し，ひじき，牛乳，乳製品
リン （P）	カルシウムと結合して骨や歯を形成。	▽骨折しやすくなる。歯槽膿漏。 △カルシウムの吸収低下	煮干し，レバー，卵黄，乳製品，いわし
ナトリウム （Na）	カリウムと作用しながら浸透圧を維持。	△高血圧，むくみ	食塩，みそ，しょうゆ，小魚
鉄 （Fe）	貧血予防。酸素運搬。免疫力向上。体内の70%はヘモグロビンとして赤血球にある。	▽鉄欠乏性貧血（疲れやすい，動悸，頭痛など） △鉄沈着症	レバー，緑黄色野菜，海藻類
ヨウ素 （I）	成長促進。基礎代謝の促進。	▽甲状腺腫 △甲状腺機能障害	海藻類，魚介類
亜鉛 （Zn）	細胞の生成。味覚を正常に維持。生殖機能を正常に維持。	▽味覚障害，発達障害，食欲不振	肉・魚介・穀類

　カルシウムはおもに骨や歯に含まれているが，血液中にも含まれている。血液中のカルシウムが不足すると骨などからカルシウムが抜けて利用される。カルシウムは子どもの成長に不可欠だが，骨密度が最も高くなる20代までにカルシウムを十分に摂取し，骨密度のピークを高めておくことが高齢期の骨密度低下による骨折や寝たきりなどの予防につながる。

　また，20年前と比較し9歳女子の骨密度が低下しており，その原因として外遊びの頻度や運動量の低下が考えられるとの報告がある[7]。カルシウムを定着させるには食品からの摂取だけでなく適度な運動も必要である。パソコンやゲームなどの普及から子どもたちの遊び方にも変化がみられるが，特に成長期の子どもには食生活と併せて適度な運動も必要である。

【無機質を含むおもな食品】

〈乳・乳製品〉

　牛乳は，良質のたんぱく質や脂質を含む栄養価の高い食品でカルシウムも多く含む。チーズやヨーグルトなどの加工品も多い。乳製品のカルシウムは，小魚や海草より吸収されやすい。

図表4-10　ビタミンの種類とおもなはたらき

	種類	おもなはたらき	▽欠乏症 △過剰症	多く含む食品
脂溶性ビタミン	ビタミンA （レチノール， β-カロテン）	夜盲症を防ぐ。皮膚や粘膜を正常に保つ。成長，発育を促進。動物性食品に含まれるレチノールと，植物性食品に含まれるカロテノイド（β-カロテンなど）がある。カロテンは必要に応じて体内でビタミンAに変わる。	▽夜盲症，目の乾き，成長停止（乳幼児） △頭痛，吐き気，脱毛，皮膚の剥落	うなぎ，レバー，牛乳，乳製品，緑黄色野菜
	ビタミンD	カルシウムの吸収を促進し，骨や歯を健康に保つ。	▽くる病（小児），骨軟化症（成人），骨粗鬆症	魚，乳製品
	ビタミンE	抗酸化作用による細胞の老化防止。赤血球の破壊防止。	▽神経機能低下，筋無力症	種実類，植物油，大豆
	ビタミンK	ビタミンDとともに骨の形成を助ける。血液凝固因子の活性化。	▽新生児頭蓋内出血，血液凝固遅延	海藻類，緑黄色野菜
水溶性ビタミン	ビタミンB$_1$	神経機能を正常に保つ。糖質の代謝を助け，成長を促進。消化液の分泌促進。	▽脚気，倦怠感，食欲不振	豚肉，大豆，胚芽米
	ビタミンB$_2$	皮膚や粘膜を健康に保つ。糖質や脂質の代謝に必要。	▽口内炎，皮膚炎，子どもの成長障害	牛乳，レバー，卵，魚
	ナイアシン	皮膚や神経，脳を健康に保つ。胃腸のはたらきを維持。	▽皮膚炎，胃腸炎	肉，魚類
	葉酸	ビタミンB$_{12}$とともに赤血球を造血。胎児の脳や脊髄の形成に関与。	▽悪性貧血，食欲不振，口内炎	レバー，緑黄色野菜，大豆
	ビタミンC	コラーゲンの生成に不可欠。皮膚や血管の老化防止。免疫力を高め，風邪を予防。	▽壊血病	果実，緑黄色野菜，芋

〈海草類〉

　わかめやひじきなどの海草類は，カルシウムや鉄分，ヨウ素など無機質を多く含む食品である。

（5）ビタミン

　ビタミンはエネルギー源にはならないが，体の調子を整える重要な栄養素である。図表4-10に示すように，ビタミンは脂溶性と水溶性に分けることが

できる。脂溶性ビタミンは油に溶けやすい性質があるため，炒め物など油と一緒に摂取することで吸収されやすくなる。一方，水溶性ビタミンは切る，水にさらす，ゆでるなどの調理過程および時間の経過でビタミンが崩壊し，減少していく。

　水溶性ビタミンは体内で蓄積することができず尿中に排泄されるため，毎日必要量を摂取する必要があるが，脂溶性ビタミンは水に溶けにくいため過剰に摂取すると蓄積され，過剰症になる場合がある。ビタミン不足を補うためのサプリメント摂取が過剰症につながる可能性もあるので，サプリメントなどを摂取する場合には注意が必要である。

【ビタミンを含むおもな食品】

　〈野菜類〉

　野菜にはビタミンC，B群ほか，多種類のビタミンが含まれている。野菜は，緑黄色野菜とその他の野菜に分類される。緑黄色野菜は緑色や黄色の濃い野菜とされており，β-カロテンを多く含んでいる。原則としてβ-カロテン含有量（β-カロテン当量）が可食部100グラム当たり600μg以上の野菜を緑黄色野菜としている。緑黄色野菜には，こまつなやほうれん草，にんじん，ブロッコリーなどがある。カロテン含有量が600μg未満でも摂取する頻度や量が多いトマトや青ピーマンなどは緑黄色野菜とされている。同じピーマンでもβ-カロテン含有量は，赤ピーマンは940μg，青ピーマンは400μg，黄ピーマンは160μgと種類により含有量は異なる[6]。

　〈果物〉

　水分のほか，糖質・食物繊維・無機質・ビタミンを多く含む。かんきつ類やイチゴ，キウイフルーツはビタミンCを多く含む。

　〈きのこ類〉

　水分が約90%と多く，生の状態では長期保存ができないため乾燥や缶詰などに加工される。しいたけは天日干しすることでビタミンDが増加する。うまみ成分のグアニル酸を含む。

（6）水のはたらき

　水は，栄養素も含まずエネルギー源にもならないが，栄養素や排泄物の運

搬のほか，体温の調整など重要な役割を果たしている。また，その量は，大人の場合体重の約60%を占めており，発汗や排泄などに使われる分を補うために，毎日約2リットル（飲料水800〜1200mL，食物中1000mL）が必要である。

夏場は水分不足から熱中症が増えるが，水分が数%減っただけでも猛烈なのどの渇きを感じる。1日水を摂取しないと脱水熱といわれる熱を出し，さらに進むと幻覚症状に陥る。水分が10%失われれば命が危険な状態になり，20%失われれば死にいたる[1]。水分は減ってから補給するのではなく，スポーツ，入浴前など水分が減る前に補給することが望ましい。

3　食事摂取基準と食品群別摂取量のめやす・献立作成

(1) 食事摂取基準

食事摂取基準は国民の健康の維持増進および生活習慣病の予防を目的とし，1日あたりに必要なエネルギー量，栄養素の摂取量の基準を年齢別，性別，身体活動レベル別などに示したものである。食事摂取基準は5年ごとに改定が行われる。2020年4月からは，「日本人の食事摂取基準（2020年版）」が，用いられている。

エネルギー摂取量については，今までは推定エネルギー必要量が用いられていたが，2015年版から18歳以上は体重の変化（またはBMI）を用いて，過不足の評価を行うことになった。基準となる参照体位は，「性及び年齢に応じ，日本人として平均的な体位を持った人を想定し，健全な発育並びに健康の保持・増進，生活習慣病の予防を考える上での参照値[8]」としている。「参考表　推定エネルギー必要量」については，性別，年齢別，身体活動レベル別に分けられて示されている。身体活動レベルは，運動や活動量に応じて，低い（I），ふつう（II），高い（III）の3レベルに分けられている。

栄養素については「推定平均必要量」「推奨量」「目安量」の3指標が示されている。「推定平均必要量」は半数の人が必要量を満たす量，「推奨量」はほとんどの人が充足している量，「目安量」は十分な科学的根拠が得られず，推定平均必要量と推奨量が設定できない場合に設定される。

そのほか，過剰摂取による健康障害の回避を目的として「耐容上限量」，生

図表4-11　食品群の分類

〈3つのグループ〉（岡田正美案 1952年）

色	働き	おもな栄養素	おもな食品
赤	体をつくるもととなる	たんぱく質，脂質，ビタミンB$_2$，カルシウム	魚介・肉・豆・乳・卵
緑	体の調子を整えるもとになる	カロテン，ビタミンC，カルシウム，ヨウ素	緑色・淡色野菜，海藻・果物
黄	エネルギーのもとになる	炭水化物，ビタミンA・D・B$_1$，脂質	穀類・砂糖・油脂・いも類

〈6つの基礎食品群〉（相坂ほか4名案 1990年）

食品群	働き	おもな栄養素	おもな食品
1群	血や肉をつくる	たんぱく質・ビタミンB$_2$	魚介・肉類・卵・豆腐
2群	骨・歯をつくる，体の各機能を調節	カルシウム・たんぱく質・ビタミンB$_2$	乳類・小魚・海藻
3群	皮膚や粘膜の保護，体の各機能を調節	カロテン・ビタミンC・カルシウム・ビタミンB$_2$・鉄	緑黄色野菜
4群	体の各機能を調節	ビタミンB$_1$・B$_2$・ビタミンC・カルシウム	淡色野菜・果物
5群	エネルギー源	糖質	穀類・いも類・砂糖
6群	効率的なエネルギー源	脂質	油脂類

〈4つの食品群〉（香川芳子案 2005年改定）

食品群	働き	おもな栄養素	おもな食品
1群	栄養を完全にする	良質たんぱく質・脂質・ビタミンA・B$_2$，カルシウム	乳・乳製品，卵
2群	血や肉をつくる	良質たんぱく質・脂質・ビタミンA・B$_1$・B$_2$，カルシウム	魚介・肉，豆・豆製品
3群	体の調子をよくする	ビタミンA・C，無機質，食物繊維	緑黄色野菜，淡色野菜，いも類・果物
4群	力や体温となる	糖質，たんぱく質，脂質	穀類，砂糖，油脂

出所）『生活学Navi　資料＋成分表　2013』実教出版，2013年，p.316ほか参照

図表4-12 食品群別摂取量のめやす〈6つの基礎食品群〉

(単位：g/日)

年齢区分 (歳)	1群 卵・肉・魚・豆・豆製品		2群 牛乳・乳製品		3群 緑黄色野菜		4群 その他の野菜・果物		5群 穀類・いも類・砂糖		6群 油脂	
	男	女	男	女	男	女	男	女	男	女	男	女
9～11	280	280	400	400	100	100	400	400	430	370	20	20
12～14	330	300	400	400	100	100	400	400	500	420	25	20
15～17	330	300	400	400	100	100	400	400	520	400	30	20
18～29	330	300	400	400	100	100	400	400	520	380	20	25

注1) 1群は卵1個 (50g)，残りを肉：魚：豆・豆製品＝1：1：1に分ける
 2) 2群は牛乳の一部代替品として乳製品，小魚，海藻を摂るようにする
 3) 4群は400gの場合，その他の野菜250g，果物150gとする
 4) 5群はいも (生重量) 50g，砂糖30gを含む
 5) 6群はおもに植物性油脂を摂る
 6) 1日に摂取する食品の種類は25～30種類とする
出所) 金子佳代子・渋川祥子・福原桂・杉山久仁子・相坂浩子『五訂日本食品標準成分表』および『日本人の栄養所要量』第六次改定に伴う『六つの食品群別摂取量のめやす』の改訂」『日本家庭科教育学会誌』第45巻第1号，2002年4月，pp.22-29

活習慣病の一次予防を目的として食事摂取基準を設定する必要のある栄養素については，「目標量」が設定されている。たとえば，12～14歳の小児の推定エネルギー必要量についてみると，最も少ないのは身体活動レベルⅠの女性で2,150キロカロリーである。一方，最も多いのは身体運動レベルⅢの男性で2,900キロカロリーである。同じ年齢でも，活動状況などにより食事摂取基準は異なる[8]。自分の身長や体重，活動状況などから食事摂取基準を調べ，健康の保持・増進のベースとして活用したい。

(2) 食品群別摂取量のめやす

食事摂取基準で示されたエネルギー量や栄養素の量を満たすために，どのような食品をどのくらい摂取したらよいか具体的な食品の種類や量で示したものが食品群別摂取量のめやすである。

食品群とは，すべての食品を栄養成分の似ているものに分類し，それをめやすとして摂取することによって，健全な食生活をおくることができるようにしたものである。各食品群から食品を選び摂取することで，食事摂取基準をほぼ満たすと考えられる。食品群の分け方は3つのグループ，6群，4群な

図表4-13　食事バランスガイドの分類・食品[8]

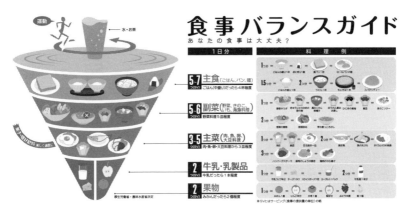

分類とおもな料理・食品		1SV	1日SV
主食	炭水化物等の供給源であるご飯，パン，麺など	炭水化物40g	5〜7
副菜	ビタミン，ミネラルおよび食物繊維などの供給源となる野菜，きのこ，いも，豆（大豆を除く）海藻などを主材料とする料理	主材料70g	5〜6
主菜	たんぱく質などの供給源となる魚，肉，卵，大豆製品などを主材料とする料理	たんぱく質6g	3〜5
牛乳・乳製品	カルシウムなどの供給源である牛乳，ヨーグルト，チーズなど	カルシウム100mg	2
果物	ビタミンC，カリウムなどの供給源である果物	主材料100g	2

注）適量が2200±200kcal/日の場合
出所）農林水産省ホームページ（上図）
　　　http://www.maff.go.jp/j/balance_guide/kakudaizu.html

どがあるが（図表4-11），小学校では3つのグループを用いて，「体をつくるもとになる（赤）」「体の調子を整えるもとになる（緑）」「エネルギーのもとになる（黄）」の3つのはたらきと5大栄養素を関連づけ，おもにその栄養素を含む食品を基本に食事のバランスを考えるよう指導している。図表4-12に6つの基礎食品群の食品群別摂取量のめやすを示す。

【食事バランスガイド】

　食事バランスガイドは，1日で摂る食事のおおよその量を「主食」「副菜」

図表4-14　献立作成手順

手　順	選び方	おもな食品例	おもな栄養素
① 主食を選択	ご飯，パン，麺などから1つ選択	米・小麦などの穀類	炭水化物
② 主菜を選択	魚，肉，卵，豆・豆製品を1つ以上選択	魚，肉，卵，豆・豆製品	たんぱく質・脂質
③ 副菜選択	主菜にあった副菜を選択	緑黄色野菜，その他の野菜，いも類，きのこ類，海藻	無機質，ビタミン，食物繊維
④ 汁物を選択	主菜にあった汁物を選択		
⑤ その他（果物など）	必要に応じて摂る	果物，牛乳・乳製品	無機質，ビタミン

「主菜」「牛乳・乳製品」「果物」ごとに「つ（SV：サービング）」という単位を用いて表している（図表4-13）。

　「食品群別摂取量のめやす」や「食事バランスガイド」などさまざまな分類や考え方があるが，健康を保持・増進するためには偏ることなく多種類の食品を組み合わせて日々の献立を考えることが望ましい。

（3）献立のたて方

　第3節で学んだように健康の保持・増進に必要なエネルギー量や栄養素量を満たすために，何をどのように食べたらよいか食品，料理，調理法の組み合わせを考え，1食分の食事を整えることが献立である。献立は1食分ずつ考えるが，栄養摂取面からは1日3食を通じて，組み合わせやバランスを考えなければならない。

　献立作成手順を図表4-14に示す。

　また，献立を考える際には次のような点も配慮が必要である。

〈1食分の献立作成のポイント〉

　　①1日に必要な食品の概量の1/3量をめやすにする。

　　②食事の目的（日常食・行事食）などに合わせる。

　　③いろいろな調理方法や味付けを組み合わせる。

　　④なるべく多くの食品を組み合わせる。

　　⑤彩りをよくする。

⑥季節に合わせて，旬の食材を取り入れる。

⑦食べる人の好みを配慮する。

⑧予算や購入量を考え，必要な量を計画的に購入する。

⑨調理時間や手順，使用する用具などを確認する。

　出来上がりの配膳図も想定して，盛り付けや彩りと併せて使用する食器なども考慮し，楽しい食卓を工夫できるようにしたい。

　なお，小学校家庭科においては，ご飯とみそ汁を中心とした1食分の献立作成をできるようになることが目標であり，食材も生の肉や魚が使用できないことから卵や野菜を中心としたゆで調理，いため調理を利用することになる。1食分の献立を立てる際には，みそ汁も含め，使用する野菜などについては，選択や購入の段階から調理・廃棄に至るまで実践的・体験的に学ばせると有意義である。

確認問題

1　自分の1日分の食事を記録し，3つのはたらきや栄養素ごとに分類しよう。自分の食生活を振り返り，問題点や課題について考えよう。

2　自分の食事摂取基準を調べ，1食分の献立をたてよう。

3　1日に必要な野菜の量を摂取する組み合わせを考えよう。

引用文献・より深く学習するための参考文献
1)　『オールガイド五訂増補食品成分表』実教出版，2007年
2)　文部科学省「平成31年度（令和元年度）全国学力・学習状況調査」
3)　農林水産省「ユネスコ無形文化遺産に登録された『和食；日本人の伝統的な食文化』とは」 http://www.maff.go.jp/j/keikaku/syokubunka/ich/（2014年12月アクセス）
4)　文部科学省『小学校学習指導要領解説家庭編』（平成20年8月）
5)　山崎清子他『新版　調理と理論』同文書院，2003年
6)　文部科学省「食品成分データベース」http://foodb.mext.go.jp（2021年8月アクセス）
7)　酒井一樹ほか「9歳および21歳女子の腰椎骨密度の現在と20年前の比較」，日本骨粗鬆学会雑誌『Osteoporosis Japan』Vol.22，No.1，2014年，pp.141-148
8)　厚生労働省「日本人の食事摂取基準（2015年版）」報告書（平成26年3月）

第 5 章

食品の選択，保存と調理

　本章では，食品の選択，保存，調理法の基礎など調理に関する各過程について学習する。とくに小学校家庭科において扱う炊飯，みそ汁，野菜や卵のいため調理，ゆで調理の調理特性については理解を深めたい。

　調理に関しては，知識を備えるだけでなく，技能として身につけ，日常の食生活において実践できるようになることが大切である。栄養バランスだけでなく，旬の食材の利用や盛り付けなども工夫し，よりよい食事を整えられるようになろう。

キーワード

食品選択　食品保存　調理法　炊飯　みそ汁　食育

1　食品の選択と保存

　食品の購入に際しては，作成した献立に基づき，必要な材料および分量を考え，計画的に購入することが大切である。そして，食品を選択する際には，各食品に適した選択のポイントがある。また，食品により保存期間や保存方法が異なる。購入した食品を無駄なく使い切るためには，適切な選択方法や保存方法を理解しておく必要がある。

図表5-1　生鮮食品の選択のポイント例

野菜・果物	はりやつやがあり，みずみずしいもの。見た目より重みがあるもの。へたの部分や葉が新鮮なもの。
肉	肉の色が鮮やかで弾力があるもの。牛肉は鮮やかな赤褐色，豚肉と鶏肉は淡いピンク色のもの。水っぽいものは避ける。
魚	目が澄んでいてエラが鮮やかな赤色のもの。体全体に張りがあり弾力があるもの。切り身の場合は弾力があり，パックにドリップ（水）が溜まっていないもの。

出所）『家庭基礎［家基308］』実教出版，p.86参照

（1）　生鮮食料品の選択

　野菜や果物，魚，肉などの生鮮食料品の購入の際には，鮮度や色などからよりよい食品を見分ける方法がある。個々の食材により選択方法は異なるが代表的な選択のポイントを図表5-1に示す。

　日本は食料自給率（p.220）が低く，輸入に頼っている現状がある。野菜や果物などの農産物も輸入が多い。現在，国産の農産物については，ポストハーベスト（収穫後の農薬使用）は禁止されているが，輸入農産物についてはポストハーベストが認められている。収穫から店頭に並ぶまでの長時間・長距離輸送の際に腐敗しないよう防腐剤や防かび剤などがポストハーベストとして使用されている。たとえば，国産のみかんやサクランボなどは傷みが早いが，輸入されたオレンジやレモンなどは表面に防かび剤が塗布されているので，国産と比較すると長期間保存が効く。ポストハーベストは農薬であり，使用されている物質のなかには，変異原性や発がん性が指摘されているものもある。国産の旬の農産物は，栄養価も高く安価で購入できる点が長所だが，それだけではなく安全・安心面からもよいといえる。

　また，外国から輸入すると，輸送にかかるエネルギーも消費することになり，環境面でも負荷がかかる。フードマイレージは輸入相手国から輸入国までの重量と距離をかけた値（t・km）で示されるが，日本は輸入に頼っている上，遠方からの輸入も多く輸送距離も長いため，その値は非常に高い。

　地産地消（p.220）を推進することが食の安全・安心につながるだけでなく，自給率向上にもつながる。購入時には，鮮度のよいものを選択するだけでな

図表5-2　加工食品の種類と作用

種　類	作　用	食品例
乾　燥	水分量を減少させ微生物の繁殖を防ぐ	干しシイタケ，ひじき，わかめ
冷　凍	急速に冷凍し，低温保存で微生物の繁殖を抑える	農畜水産食品，加工食品
塩　蔵	塩分濃度を高め微生物の繁殖を抑える	塩から
糖　蔵	糖濃度を高めて微生物の繁殖を抑える	ジャム，砂糖漬け
真空保存	酸素を抜き，好気性微生物の繁殖を抑える	レトルト食品，缶詰
燻　製	燻煙に含まれる防腐・殺菌成分により微生物の繁殖を抑える	ハム，ベーコン

出所)『家庭総合［家総305］』大修館書店，p.121参照

く，産地を見ること，そして旬を理解し，季節のものを購入するよう心がけたい。

　また，輸入に頼っているにもかかわらず，家庭系の廃棄物の内訳をみると，家庭から排出される食品廃棄物は国内全体で年間766万トン（平成30年度推計）にもなる[1]。そのうち可食部分と考えられる量は276万トンにもなる[1]。家庭から排出する生ごみ類の削減は，家庭系ごみの削減にもつながる。食品を選択する際には，廃棄物の量を削減すべく，必要なものを必要なだけ購入し，購入した食品は使い切る，調理したものを食べ切ることも大切である。

（2）加工食品の選択・食品表示

　加工食品は，農産加工品，畜産加工品，水産加工品など原料により分類することができるが，加工法により図表5-2に分類することができる。

　加工食品には，図表5-3に示すように加工食品品質表示基準により，名称，原材料名，内容量，賞味期限または消費期限，保存方法，製造業者の氏名，住所など商品名の表示が義務付けられている。

図表5-3　加工食品の表示の例

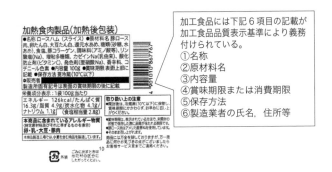

図表5-4　消費期限と賞味期限との違い

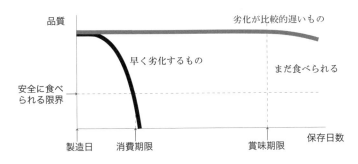

出所) https://www.maff.go.jp/hokuriku/safe/shokuiku/pdf/1_2_0411_a.pdf

【原材料名】

　含まれる原材料が多い順に記載されている。食品添加物に関しては原則として物質名で表示される。

【期限表示】

　加工食品は，食品により保存方法や期限が異なる。

　賞味期限は保存期間が長い加工食品につけられる。賞味期限までは品質が保持されるが，賞味期限を過ぎると品質が劣化し始める(図表5-4)。つまり賞味期限は，おいしく食べられる期限であり，指示どおりの保存方法かつ未開封の状態であれば，期限を過ぎたからといってすぐに廃棄する必要はないが，期限が過ぎたものは速やかに消費することが望ましい。賞味期限の表示は年

月日で表示されるが，3カ月以上保存できる食品は年月のみでよい。

消費期限は，劣化が速く保存期間がおおむね5日以内の食品に表示される。消費期限内に消費することが望ましい。

【保存方法】

賞味期限・消費期限はいずれも未開封の状態で指示どおりの保存方法で保管した場合の期限である。保存方法は，開封前，開封後の保存方法が表示されているが，いずれにしても開封後は酸化が進み雑菌も入りやすくなるため，早期に消費することが望ましい。

【栄養表示】

加工食品は健康増進法によりエネルギー，たんぱく質，脂質，炭水化物，ナトリウム（食塩相当量で表示）の5成分の同時表記が義務付けられている。また，鉄やカルシウムなどを強調する表示をする場合には，強調表示の基準値を満たしている必要がある。

【アレルギー表示】

食品衛生法により指定された原材料7品目（えび・かに・小麦・そば・卵・乳・落花生）を含む場合は，その表示が義務付けられている。また，表示が奨励されているのは，アーモンド，あわび，いか，いくら，オレンジ，カシューナッツ，キウイフルーツ，牛肉，くるみ，ごま，さけ，さば，大豆，鶏肉，バナナ，豚肉，まつたけ，もも，やまいも，りんご，ゼラチンの20品目である。

【食品添加物】

加工食品には目的に応じて多種類の**食品添加物**が使用されている。食品添加物は食品衛生法において「食品の製造工程において，または食品の加工もしくは保存の目的で，食品に添加，混和，浸潤その他の方法によって使用するもの」（食品衛生法第4条第2項）と定義されている。おもな食品添加物の種類や用途を図表5-5に示す。

食品添加物は原則として物質名を記載することになっている。たとえば「発色剤（亜硝酸ナトリウム）」「着色料（食用赤色2号）」などがその例である。しかし，香料や酸味料など指定された14種類の用途については，使用目的のみ記載する一括表示が許可されている。たとえば，香料などは微量の物質を多

図表5-5　食品添加物の種類と用途

種類		使用目的	おもな物質	おもな食品
色	着色料	色の強化	食用黄色4号，クチナシ色素	菓子，漬物
	発色剤	色をよくする	亜硝酸ナトリウム	ハム，ソーセージ
味	甘味料	甘味を強化	アスパルテーム	ガム，清涼飲料水
	酸味料	酸味の強化	クエン酸	清涼飲料水
香り	香料	香りの強化	オレンジエッセンス	ジュース，ガム
舌触り・歯触り	増粘剤	粘性の増強	アルギン酸カリウム	アイスクリーム
	膨張剤	材料の膨張	炭酸水素ナトリウム	スポンジケーキ
変質・腐敗防止	保存料	腐敗防止	ソルビン酸	魚肉練り製品
	防かび剤	カビ発生防止	ジフェニル	かんきつ類
	酸化防止剤	脂質の酸化防止	L-アスコルビン酸	農産物缶詰

数調合して作られており，調合した物質すべてを表示するのではなく「香料」と表示するだけでよいとされている。

　食品添加物の使用量についてはADI（Acceptable Daily Intake：ヒトがある物質を毎日一生涯にわたって摂取しても健康に悪影響がないと判断される1日あたりの摂取許容量）を添加物ごとに定め，範囲内での使用を許可している。ADIは安全な値とされているが，その基準は健常な成人が単一の食品添加物を摂取した場合となっている。私たちの食生活は一人ひとり異なるうえ，嗜好や摂取量，健康状態やストレスの度合い，飲酒や喫煙などの状況も異なる。食品添加物については，安全量が設定されたうえで使用が許可されているが，複数種類の食品添加物を長期間摂取し続けた場合の健康面への安全性が保証されているわけではない。

　食品添加物は豆腐の凝固剤のように製造に不可欠なものや保存性を高めるために必要なものもあり，食品添加物を除去した食生活は不可能ともいえる。また，食品添加物が身体に害を及ぼすとは言い切れないが，購入時には不要な添加物が入っているものは控える，添加物が少ないものを選ぶなど表示を見て食品を選択するよう心がけたい。

図表5-6　保健機能食品と特別用途食品

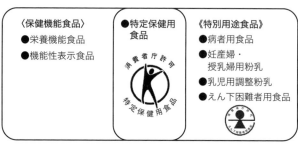

出所)『生活学Navi 2021』実教出版，2021年，p.129をもとに作成

（3）健康の保持・増進のための食品

　健康への意識の高まりとともにいわゆる健康食品の利用，摂取が増えてきている。国が設置した安全性や有効性を満たした食品には，保健機能食品と特別用途食品がある（図表5-6）。

【保健機能食品】

　保健機能食品は，「いわゆる健康食品」のうち，一定の条件を満たした食品で，国への許可などの必要性や機能などの違いによって，「特定保健用食品」と「栄養機能食品」に分類される。

【特定保健用食品】

　特定保健用食品は，「おなかの調子をととのえる」「血圧を正常にたもつ」など食品の持つ特定の効果を消費者庁が審査し，認定した食品であり，調味料から嗜好品まで現在1076品目（2021年8月20日現在）が認定を受けている[2]。特定保健用食品には期待される効果が表示されている。しかし，その摂取により病気が治癒したり，健康が保持されるわけではない。表示された方法に従って摂取を続ければ健康の保持，改善が期待されるというものである。

【栄養機能食品】

　栄養機能食品は，栄養成分の補給や補完を目的とした食品で，消費者庁が定める規格基準を満たしていれば認可は不要である。対象となる栄養素はミネラル，ビタミンで，たとえば，「ビタミンEは，抗酸化作用により，体内の脂質を酸化から守り，細胞の健康維持を助ける栄養素です」など栄養成分とその機能が表示されている。

【特別用途食品】

　特別用途食品は，乳児用，妊産婦用，高齢者用など発育や健康の保持・回復に適するという特別の用途が許可された食品である。乳児用調整粉乳やアレルゲン除去食品などがある。

【機能性表示食品】

　機能性表示食品は，「おなかの調子を整えます」など，特定の保健の目的が期待できる（健康の維持・増進に役立つ）表記ができるが，その安全性や機能性の科学的根拠は，事業者の責任によるものである。事業者が消費者庁に届け出る方式で，国が安全性や機能性の審査は行っていない食品である。「機能性表示食品」は，医薬品ではないので，疾病の治療や予防を目的としたものではなく，過剰な摂取が健康を害することにもつながることも理解し，注意事項等をよく読み摂取することが大切である。

　栄養補助食品や健康補助食品などは容易に入手，摂取できる食品が出回っているが，必要な栄養は食事を通じて食物から摂取することが望ましい。食事の代わりではなく，食事で十分に摂取することができない栄養素を補完する補助的な食品として利用したい。

（4）食品の保存（常温・冷蔵・冷凍）

　購入した食品の保存方法には常温，冷蔵，冷凍などの方法がある。加工食品はその保存方法が表記されているので，その指示に従い保存することが望ましい。食品衛生法では，冷蔵は10℃〜−2℃，冷凍は−20℃以下と規定している。家庭用の冷蔵庫では，冷蔵は約4℃，冷凍庫は−18℃以下を保持するようにしたい。野菜室は7〜10℃と温度は高めで湿度も高い。魚介類や肉類は約−3℃のパーシャル室，乳製品は約0℃のチルド室など食品に応じて保存場所も分けるとよい。冷蔵庫は詰め過ぎず，容量の7割以内とし，熱いものは冷ましてから，食品は容器に入れたり，食品用ラップフィルムをして保存するなど食品衛生面での配慮も必要である。そして，保存した食品は，速やかに無駄なく消費することが大切である。

図表5-7　おもな食中毒の種類と原因食品および予防法

種　類		菌　名	おもな原因食品・物質	予防法・その他
細菌型	細菌感染型	腸炎ビブリオ	生鮮魚介類（刺身，寿司）	水道水で洗浄，乾燥，低温保存
		サルモネラ	鶏卵，魚介類，練り製品	加熱処理，低温保存，十分な手洗い
		カンピロバクター	鶏肉，生乳	加熱処理，調理器具の乾燥
	感染毒素型	病原性大腸菌	食肉，サラダ	加熱処理，洗浄，熱湯殺菌，冷蔵
		ウェルシュ菌	鶏肉の煮もの，シチュー	加熱してすぐに冷却
	食品内毒素型	ブドウ球菌	おにぎり，弁当，サラダ	手袋着用，手の消毒，洗浄，低温保存
		ボツリヌス菌	果実の瓶詰，魚肉発酵食品	十分な洗浄，加熱処理，新鮮な材料
ウィルス型		ノロウィルス	二枚貝，サンドイッチ	加熱処理，手指の洗浄，消毒，調理器具の加熱
自然毒	動物性	テトロドトキシン	ふぐ	免許保持者が調理
	植物性	ソラニン	じゃがいも	芽を除去する
化学物質			農薬，洗剤，消毒薬	台所に置かない，食品容器に保管しない

（5）食品の衛生と食中毒の予防

　食品の保存や調理などの際は衛生面に十分配慮する必要がある。細菌やウィルス，自然毒や化学物質などを含む食品を介して発生する健康被害を食中毒という。おもな食中毒の種類，原因食品と予防法を図表5-7に示す。2020年の病因物質別月別食中毒発生状況をみると全887件中，カンピロバクターやサルモネラ菌，ブドウ球菌など魚介類や調理済み食品などに起因する細菌性食中毒が273件，ノロウィルスが99件だった。食中毒の発生時期は細菌性のものは夏場が多いが，ウィルス性は冬場が多い[3]。

　食中毒予防には「つけない」「増やさない」「殺す」の三原則を徹底することが大切である。そのためには，購入時には新鮮なもの選ぶ，調理前は十分

に手を洗い，生の肉・魚と野菜はまな板を分ける，清潔な食器や器具を使用する，加熱が必要なものは十分加熱する，残った食品は清潔な容器に保存するなど調理に関わる各過程で気をつけたい。

2　調理法の種類と特徴

(1) 調理法の種類

　調理を円滑に行うには，計量や下ごしらえ，加熱などが適切な手順や過程で行わなければならない。そして，食品や用具の取り扱いには安全に十分配慮して進めなければならない。

【計量】

　計量に使用する用具には，はかり，計量カップ(200mL)，計量スプーン(小さじ5mL，大さじ15mL)がある。調味料により容量に対する重量は異なる。たとえば，さとうは小さじ1杯3グラム，大さじ1杯9グラム，1カップ120グラムである。レシピでは容量で示している場合と重量で示している場合があるが，さとうのように容量と重量が異なる調味料を計量する際には気をつけたい。

　その他，野菜などは重量のほか概量で示されている場合がある。人参1本約150グラム，たまねぎ1個約200グラムなどおおよその重量を把握しておくとよい。

【洗う】

　衛生上，安全のために汚れや不要物を洗い流すことを目的に行うが，不可食部分を除去するために行うこともある。食品の取り扱いについては，物理的に刺激を与えると傷めることになるので，流水などを利用して行う。

【切る】

　「切る」操作の目的は，食べやすい大きさや形にすること，加熱や調味しやすくすること，仕上がりを美しく見せることなどである。味付けや火通りをよくするためには表面積を広く切ったり，煮崩れ防止には大きく切って面取りをするなど，目的や食材により切り方は異なる。

　包丁の部位の名称と手の添え方を図表5-8に，基本的な野菜の切り方を図

図表5-8　包丁の扱い方

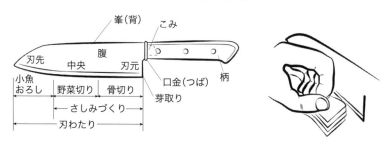

図表5-9　野菜の切り方

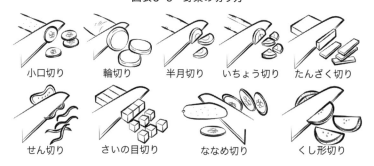

小口切り　　輪切り　　半月切り　　いちょう切り　　たんざく切り

せん切り　　さいの目切り　　ななめ切り　　くし形切り

表5-9に示す。

【調理用具の種類と安全な取り扱い】

　調理実習は，何よりも安全第一で行うことが大切である。とくにガスコンロや包丁は取り扱いに十分気をつけ，次のような事項に注意し，安全に作業を行いたい。

　①ガスの元栓は使用時に開け，終了後は閉める。

　②ゴム管が劣化すると，ガス漏れや発火の恐れがあるため，ひび割れや劣化の際は速やかに取り替える。

　③ガス臭いときはすぐに元栓を閉め，換気をする。電気のスイッチやコンセントなどに触れない。

　④コンロの周りには紙やビニール，ふきんなど燃えやすいもの，溶けやすいものを置かない。

　⑤コンロを使用しているときは，コンロから離れない。

図表5-10　調理法と調理例

分　類	調理法	調理例
ゆで物	多量の水の中で加熱する。食材により水からの場合と沸騰してからの場合がある。ゆでることにより食べやすく，消化されやすくなる。	ゆで卵，粉ふき芋，青菜をゆでる
炊く	加水，加熱する方法でゆでるや煮るに似ているが，米の場合のみ使われる。仕上がったときに食品に水分がすべて吸収された状態に加熱されることをいう。	米
汁物	うま味成分を含む多量のだし汁の中で実を加熱し調味する。だしの材料には鰹節や煮干し，こんぶなどがある。	みそ汁
煮物	水やだし汁に調味料を加えた中で食品を加熱する。調味しながら加熱できる。	筑前煮，味噌煮，肉じゃが
炒め物	熱したフライパンや鍋と油により加熱する。高温，短時間で調理できるので栄養素の損失が少ない。短時間で均一に火通りするために形状を整え，混ぜながら加熱する。	野菜炒め，炒飯
焼き物	フライパンやオーブンなど間接的に焼く場合と網焼きのような直火焼きがある。	ハンバーグ，焼き魚，照り焼き
電子レンジによる加熱	マイクロ波を食品にあて，食品の水分子の運動で食品を内部から加熱する。	加熱処理，あたため

出所)『家庭基礎［家基310］』第一学習社，p.92参照

⑥鍋の柄がコンロ台からはみ出していると，体や手でひっかける危険があるので，鍋の柄の向きや位置に気をつける。

⑦やかんで湯を沸かすときは，持ち手は必ず立てる。

⑧オール電化が進み，居室内で炎を見たことがない児童もいる。炎に対する注意事項やコンロまわり，五徳なども熱くなることを伝え，安全に配慮した行動をとることができるよう指導する。

⑨包丁やまな板は安定した場所に置く。とくに包丁をまな板の上に置いたままにすると不安定な状態になるので，まな板の奥側の安定した調理台の上に置く。

⑩包丁を使う作業が終わったら，速やかに回収して保管する。

（2）加熱方法の種類と特徴

　加熱方法は，大きく分けると①湿式加熱（水の沸点である100℃近くで加熱する操作：ゆでる，煮る，炊く，蒸す）と，②乾式加熱（油やオーブンなどを利用した100℃以上の高温で加熱する操作：焼く，いためる，揚げる）に分けることができる。それぞれの特徴を図表5−10に示す。

　小学校の調理では「ゆでる」「いためる」を学習するが，同じゆで調理でも食材により加熱条件が異なること，同じ食材でも大きさや形状，調理法により加熱時間が異なることなどを学習し，調理品目に応じた切り方や加熱時間を理解して，食生活に役立てるようにしたい。

3　ご飯とみそ汁を中心とした調理

（1）炊 飯

　米は加水，加熱により飯に変化する。この米から飯の変化が「炊く」という調理になる。炊くことにより消化しにくい生でんぷん（βでんぷん）が糊化（α化）し，米が飯に変化して味も消化もよくなる。炊飯は，適切な加水や加熱などの条件が整って，はじめておいしい飯に炊き上がる。その過程について理解しよう。

【洗米】

　米に付着している糠やごみを落とすために行う操作である。糠を洗い流すことは栄養素の損失になるが，糠の香りは飯となったときに好ましい香りではない。糠を含んだ水を吸収させないよう手早く洗い流す。

　洗米は「とぐ（研ぐ，淘ぐ）」ともいうが，「とぐ」操作は，米と米をこすり合わせる操作を意味する。最近の米は，きれいに精米されているので，こすり過ぎることのないよう，勢いよく流水をかけ，さっくり洗い流す操作を数回繰り返すだけで十分である。米をすり合わせる方が，米が割れたりひびが入ったりする原因となり，仕上がりの風味に影響を及ぼす。

【吸水・浸漬】

　米は十分に吸水させてから炊飯すると，芯が残らず，中心部まで火通りした軟らかい飯に炊き上がる。吸水の速度は，図表5−11に示すように，安定す

図表5-11　米の浸水時間と吸水量

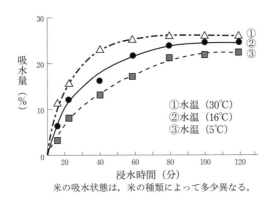

米の吸水状態は，米の種類によって多少異なる。

米の浸水時間と吸水量（実験結果の一例）

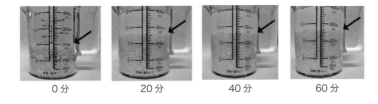

| 0分 | 20分 | 40分 | 60分 |

出所）松元文子・吉松藤子『調理実験　3訂』柴田書店，1975年，p.11（上図）

るには2時間程度かかるが，約30分の浸漬で平衡状態の約70～80％は吸水する。水温による差はあるが，30分ほど吸水させるとよい。

　米の状態の水分は15.5％だが，炊き上がった飯をおいしく感じるのは含水量が約65％の状態である。そのためには米の重量の1.3倍の水を加えて炊く必要がある。炊飯中に蒸発などで失われる水分（10～15％）を加え，米の重量の1.5倍，体積の1.2倍の水を加えて炊く。ただし，新米の場合は水分を多く含むので水の量はやや少なめにするとよい。

【加熱】

　ガスによる炊飯の過程を図表5-12に示す。点火後，沸騰までは約10分になるよう中火または強火で加熱する。沸騰までの時間が短いと中心部まで熱が伝わらない状態で表面部の糊化が始まってしまう。

図表5-12　ガスによる米の炊き方

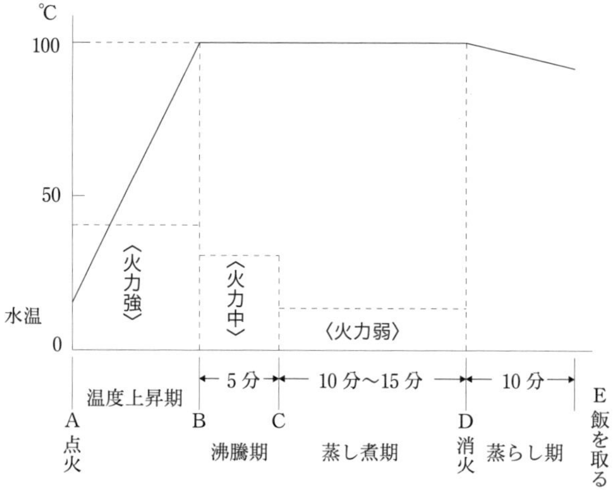

℃
100
50
水温
0

〈火力強〉
〈火力中〉
〈火力弱〉

←5分→ ←10分〜15分→ ←10分→

温度上昇期

A
点火

B
沸騰期

C
蒸し煮期

D
消火 蒸らし期

E
飯を取る

出所）山崎清子他『新版　調理と理論』同文書院，2003年，p.51

　沸騰後は，沸騰が継続する火加減で約5分加熱する。この沸騰が続く間に糊化は急速に進み粘りが出てくる。その後10〜15分間ごく弱火で加熱する。米は糊化が進み粘りが出て動きがなくなってくるが，鍋底から蒸気の通り道が作られ，米はその蒸気に蒸らされている状態になる。消火の段階で水分がすべて米に吸収されている状態が望ましい。

　鍋で炊く場合は，強火で炊き続けると鍋底から水分が蒸発し，焦げができてしまうが，鍋底に軽い焦げができるくらいがおいしい炊き上がりとなる。

　消火寸前に一度短時間強火にすると残った水分を蒸発させるとともに，蒸らし時間の温度低下を防ぐことにつながる。なお，加熱開始から蒸らし終了までの間は，けっしてふたを開けてはならない。

【蒸らす】

　消火後は，ふたを開けずそのままの状態で約10分蒸らす。この時間にも水分は米に吸収され，中心部まで糊化が進む。蒸らし終わった後は，ふたを開けて蒸気を発散させる。余計な水分を蒸発させることにより，べたつかずおいしい飯になる。

　どのような鍋でも加水・加熱条件が同じであれば炊飯は可能である。

図表5-13　だしの種類と取り方

種　類	水に対する重量(%)	だしの取り方	うま味成分
こんぶ	2～5	水に30分以上漬けてから火にかけ，沸騰直前に取り出す。	グルタミン酸
一番だし	1～4	沸騰直前にかつお節を入れ，再沸騰したら火を止めて上澄みをこす。	イノシン酸
二番だし	2～4	一番だしを取った後の鰹節に一番だしの半量の水を加える。沸騰後2～3分させてこす。	
混合だし	こんぶ1～2鰹節1～2	こんぶだしを取った後，鰹節を加えて再び煮立ったら火を止め上澄みをこす。	グルタミン酸・イノシン酸
煮干しだし	3～4	頭とはらわたを取り，水に約30分漬けたのち加熱。沸騰後2～3分煮出し，取り出す。	イノシン酸

出所)『生活学Navi　資料＋成分表　2013』実教出版，2013年　p.318, 山崎清子他『新版　調理と理論』同文書院，2003年，p.203参照

【でんぷんの糊化】

　日本人が主食とする米には，糖質であるでんぷんが多く含まれている。このでんぷんは加水・加熱による変化を経て，米が飯となる。

　生のでんぷんはβでんぷんという。これを加熱していくとでんぷんの構造が崩れ，水分子を含んで膨潤する。この変化が糊化である。米のでんぷんの糊化は60～65℃で開始する[4]。糊化したでんぷんをαでんぷんといい，粘りが出て糊状になり，風味がよくなるとともに消化吸収されやすくなる。

　また，αでんぷんをそのまま放置すると冷えて固まり，βでんぷんに近い状態に戻る。この変化を**老化**という。老化したでんぷんは再加熱することでαでんぷんに戻る。

(2) みそ汁

【だしの種類ととり方】

　だしに用いる食材には，こんぶやかつおぶし，煮干しなどがある。だしの種類や取り方を図表5-13に示す。

【みその種類と特徴】

図表5-14　みその種類と特徴

種類	味	塩分（%）	色	通　称	おもな地域
米みそ	甘みそ	5〜7	白	白みそ，西京みそ	近畿以西
			赤	江戸みそ	東京
	甘口みそ	7〜12 11〜13	淡色	相白みそ	静岡・九州
			赤	御膳みそ	徳島
	辛口みそ	11〜13	淡色	信州みそ	長野，関東
			赤	仙台みそ，越後みそ	東北以北，関東
麦みそ	甘口みそ	9〜11	淡色	麦みそ・田舎みそ	中国以西
	辛口みそ	11〜13			
豆みそ		10〜12	褐色	八丁みそ	中部

出所）『生活学Navi　資料＋成分表　2012』実教出版，2012年，p.277他より作成

　みそは，蒸した大豆に米や麦などの麹，食塩，水などを混ぜて発酵，熟成させたものである。あわせる麹の種類により米みそ，麦みそなどに分類される（図表5-14）。米麹を用いた米みそは稲作が盛んになった平安時代後期から作られるようになり，現在製造されているみその8割は米みそである。

　また，みそは地方により種類に特徴がある。麦こうじを使う麦みそは，九州や四国など暖かい地方で，米と麦の二毛作ができることから麦みそが作られるようになったと考えられている。

　みそは，大豆の状態より消化がよく，江戸時代には「毒を消す」「血のめぐりをよくする」などといわれ，現代でもみそ汁を毎日飲む人は，飲まない人に比べて胃がんになりにくいという報告もあり，みそ汁が健康の保持・増進にも効果があるといわれている[5]。

【みそ汁の調理】

　みそ汁の実は，数種類の野菜やイモなどを用いる。火が通りにくい根菜類は，だし汁で柔らかくなるまで煮てからみそをこして入れる。ほとんど火を通す必要がないネギはみそを入れた後に入れる。

　みそを入れた後は煮詰めないようにする。みその種類により塩分濃度も異なる。汁物塩分濃度が0.8〜1.0%になるよう，みその種類により分量を加減

する。

（3）卵や野菜を使った調理

【卵の調理特性】

　卵は栄養価が高く（第4章 p.61参照），価格や供給も安定していることから日常的に利用されている。卵は生よりも加熱して食することが多い。卵は加熱により凝固するが，この熱凝固性を利用した料理にはゆで卵や卵焼き，卵豆腐や茶わん蒸しなどがある。

　〈卵の熱変性とゆで卵〉

　卵は殻つきのままゆでるゆで卵や温泉卵と，殻を割って調理するオムレツや卵焼きなどがある。卵白は80℃で完全に凝固するが，卵黄は70℃でほぼ固まる。温泉卵はこの温度差を利用して作られている。

　ゆで卵は，水からゆでるが殻ごとゆでるため固まり具合の確認ができない。固ゆでにするには，沸騰してから10～12分とされている。また，卵白が凝固する温度帯（60～100℃）に卵をかきまぜると卵黄が中央で固まるようになる。ただ，新鮮な卵は濃厚卵白やカラザにより卵黄が中央に保たれているので，かきまぜなくても中央で固まる。

　卵を用いた調理の学習では，ゆで卵やスクランブルエッグなど，児童の好みのゆで加減や調理法を支援できるようにしよう。

【じゃがいもの調理特性】

　じゃがいもは，主菜，副菜，汁物の材料として様々な料理に用いられ，調理法も多様な身近な食材である。調理特性を理解し，料理に合わせて調理できるようにしたい。

　〈じゃがいもの加熱特性〉

　いもは，でんぷん質を多く含み，米と同様にでんぷんを糊化させて食する。生のいもは，水分含有量が多いので，炊飯のように加水しなくても加熱だけで糊化が進む。細胞膜をつないでいるペクチン質は，糊化が進むと分離しやすくなる。熱いうちは流動性があり細胞が離れやすい。粉ふきいもを作るとき，熱いうちに粉をふかせるのは，この特性を利用している。ペクチンの量は貯蔵により増えるので，新じゃがより貯蔵したいものほうが粉ふきいもに

適している。また，品種では，でんぷん量が少ない粘質のメークインより，でんぷん量が多い粉質の男爵のほうが粉をふきやすい。ビタミンCは水溶性で熱に弱い特徴があるが，いものビタミンCは，糖質に包まれた状態で存在するため加熱による損失が少ない。

〈ゆで調理・いため調理〉

ゆで調理の際は，中心部まで均等に糊化させるために表面と内部の温度差が生じないよう水から加熱する。いため調理は高温短時間で加熱するので，熱が伝わりやすいよう薄くあるいは細長い形状に切る。

〈下処理での注意〉

じゃがいもの芽や緑化した部分には，食中毒を起こす成分であるソラニンが含まれている。加熱により毒性を失うが，下処理の段階で取り除くことが食中毒防止になる。また，切ったまま放置すると褐変現象が起きるが，水にさらすと褐変を防ぐことができる。

【野菜の調理特性】

野菜は生や加熱調理などにより摂取するが，調理によりビタミンの損失がおこる。水溶性ビタミンは調理の段階や時間の経過により減少していく。

〈切る〉

野菜は切って水にさらしたりすると水溶性ビタミンが流出する。野菜は切ってから食するまでの時間をできるだけ短時間にするほうがよい。

〈ゆでる〉

ほうれん草の場合，生の状態のビタミンCの含有量を100としたときに，ゆで時間2分のときの残存率は，42％である[6]。青菜の場合はゆでた後，水に浸している間にもビタミンが流出する。また，ほうれん草のビタミンCは，100グラムあたり冬採りは60ミリグラム，夏採りは20ミリグラムと季節による差が大きい[7]。調理による損失だけでなく，季節による差も考慮し，旬の野菜から栄養を摂取したほうがよい。

〈いためる〉

ビタミンAやカロテンなど脂溶性ビタミンは熱による損失も少ない。いため調理は高温の油で短時間で調理する。材料は火通りしやすいよう薄く表面積が広くなるように切る。いためるときは，火の通りにくいものからいため

る。

　野菜は種類や調理法によってもビタミン残存率は異なる。できるだけ残存率が高くなるような調理の工夫が大切である。

4　食生活の問題と食育の推進

なぜ食育が必要か

　「食育基本法」は「すべての国民が心身の健康を確保し，生涯にわたって生き生きと暮らすことができるようにするための『食育』を総合的・計画的に推進する」ことを目的として，2005年6月に制定され，同年7月から施行されている。その前文において，「二十一世紀における我が国の発展のためには，子どもたちが健全な心と身体を培い，未来や国際社会に向かって羽ばたくことができるように（中略）子どもたちが豊かな人間性をはぐくみ，生きる力を身に付けていくためには，何よりも『食』が重要である。（中略）食育はあらゆる世代の国民に必要なものであるが，子どもたちに対する食育は，心身の成長及び人格の形成に大きな影響を及ぼし，生涯にわたって健全な心と身体を培い豊かな人間性をはぐくんでいく基礎となるものである」と子どもたちへの食育の重要性を強調している。

　その背景として①栄養の偏り，②不規則な食事，③肥満や生活習慣病の増加，④過度の痩身志向，⑤「食」の安全上の問題，⑥「食」の海外への依存の問題，⑦「食」の安全の確保，⑧日本の「食」文化喪失の危機など，食に関するさまざまな問題がある。それらの課題を受けて，今を生きる子どもたちが「食育」を通じて健全な食生活を実践できる大人に成長するよう学校・家庭・地域社会，企業，行政などが連携し，食に関する指導を充実することが緊急の課題となっている。

　食育基本法により「食育推進基本計画」が策定され，食育は国民運動としては，推進されている。「第1次食育推進基本計画」（平成18〜22年度）の結果，食育やメタボリックシンドロームなどの周知は高まったが，朝食欠食者の割合減少や学校給食における地場産物使用割合の増加など，達成できない項目もあった。「食育への関心」についても関心がある割合は増えなかった。従来

から関心がある者はすでに健康維持のための取り組みを実践している。無関心層に対し，いかに関心を持たせ，実践に導くかが課題である。

　学校においても関心がある家庭は保護者にはたらきかけなくても実践している。一方，食育に関心の低い家庭においては，子どもに食育を行っても家庭での実践につなげることが難しい。また，メタボリックシンドロームについても，認知度は高まったが，その予防のために運動などを定期的に行っている割合は低い。

　現在は，「第4次食育推進基本計画（令和3～7年度）」が実施されている。重点課題として「生涯を通じた心身の健康を支える食育の推進」「持続可能な食を支える食育の推進」など3つを掲げている。具体的な目標として「食育に関心を持っている国民の割合の増加」「朝食又は夕食を家族と一緒に食べる「共食」の回数の増加」「朝食を欠食する子供の割合の減少」「学校給食における地場産物を使用する割合の増加」「食品ロス削減のために何らかの行動をしている国民を増やす」など16項目がある[8]。目標達成のためには，取り組みやすい環境の整備や支援なども必要と考えられる。

　学校において取り組むべき施策としては，食の専門家としての栄養教諭の配置の促進，食に関する指導の全体計画の作成，指導時間の確保，「生きた教材」としての学校給食の活用などがあげられる。学校栄養職員・栄養教諭については，給食を単独で実施している学校においては配属されている割合が高いが，学校給食の管理・提供と兼務する状況では教室における食に関する指導に十分な時間を割くことができていない。給食がセンター方式の場合は，栄養教諭が複数の学校をかけもちして食に関する指導を行うため，子どもたちが1年に1時間しか栄養教諭の授業を受けられないような現状もある。

　このように食育の必要性が高まるなか，家庭科において食育を推進する必要が大いにある。栄養教諭がいる学校では栄養教諭と連携し，いない場合でも養護教諭，地域などと連携して行うこと，また，関連教科や総合的な学習の時間の活用など学校全体で食育を推進していく体制づくりが必要である。

　食育の推進が，子どもたちの将来の健康の保持・増進につながるだけでなく，自給率の向上や安全な食の確保が自国の食文化の推進，環境問題の改善にもつながることが期待される。

　食育の成果が出るのは10年先，20年先になると予測されるが，学校での教育の成果が，将来健康な国民の増加，自給率の向上，食文化の継承としてあらわれ，「和食」の国として世界に誇れるよりよい食文化，食生活，食習慣が，国民や次の世代の子どもたちに根付いていることを願う。

確認問題

1　自分の1日の食事を記録し，材料を6つの食品群に分けて，問題点，課題について考えよう。

2　温野菜サラダと野菜いために適した野菜を考え，適切な切り方や加熱方法で調理しよう。

3　小学校における食育の実践事例を調べ，家庭科でどのような取り組みができるか考えよう。

4　ご飯とみそ汁を中心とした1食分の献立を考え，調理しよう。

引用文献・より深く学習するための参考文献

1)　環境省「食品廃棄物等の利用状況（平成30年度推計）〈概念図〉」http://www.env.go.jp/press/files/jp/116149.pdf

2)　消費者庁「特定保健用食品（承認）一覧」（2021年8月20日現在）https://www.caa.go.jp/policies/policy/food_labeling/foods_for_specified_health_uses/（2021年8月アクセス）

3)　厚生労働省食中毒統計資料「令和2年（2020年）食中毒発生状況」https://www.mhlw.go.jp/content/11121000/000756178.pdf

4)　山崎清子他『新版　調理と理論』同文書院，2003年

5)　上田伸男・中原正木・山口文芳ほか監修『たべもの・食育図鑑』群羊社，2009年

6)　長島和子「電子レンジ加熱調理による野菜類のビタミンC含量の変化」『千葉大学教育学部研究紀要』第28巻，1979年，第2部，pp.269-274

7)　文部科学省科学技術・学術審議会資源調査分科会編『日本食品標準成分表2010』全国官報販売協同組合，2010年

8)　内閣府「第4次食育推進基本計画」（2021年）https://www.maff.go.jp/j/press/syouan/hyoji/attach/pdf/210331_35-6.pdf

第 **6** 章

衣生活の科学

　衣服を着ている時間は人生の何パーセントくらいにあたるだろうか。衣服を着ることが当たり前の生活をしているが，その役割や着ることの意味について考える機会は少ない。また，衣服は身を守ると同時に痛めつけることもある。1では，ヒトはなぜ服を着るのか，どのように着てきたのか，衣服の始まりから歴史をたどる。2では，歴史をふまえて，衣服の機能を考える。3では，衣服を形づくる素材について知る。

キーワード

　　衣服のはたらき　衣服気候　繊維　衣服材料

1　衣服を身につけるのはなぜか

(1) 衣服の起源

　衣服を着たことにより，生活圏が拡大し，地球上の広い範囲まで人類は居住が可能になった。巣としての住居は動物にもあるが，衣服を着る生物は人類以外にはほとんど見られない。人類が衣服を身につけたのは，10万年前，旧石器時代ともいわれる。火であぶった毛皮の保存性がよいことには早くから気づいていたとされ，発掘された石のナイフや動物の骨や角でつくった針の形状から，動物の皮を加工してまとっていたものと考えられている。

　エジプト，メソポタミアなど，文明の発祥の地といわれるところでは，紀

元前8000～5000年頃には織物の布が使用されはじめている。毛皮の利用も続いており，紀元前3000年頃のシュメール人は羊の毛皮を腰に巻いている絵が残っている。

　衣服を身につけることにより，生活圏が広がり，活動性も高くなることは事実であり，衣服の起源として「環境適応説」「身体保護説」がある。一方で，高温多湿の地域で重厚な衣装を身につけたり，歩行に不自由なほどの窮屈な靴を履く，入れ墨をしたり，ピアスを身につけたりするなど，人は身体的な快適さとは一見無縁に思える行動もとる。これは，身を守るだけが服を着る目的ではないことを示している。衣服の起源として，地位や力の差を表すための標識であったとする「標識説」，悪霊から身を守ったり，特別な力を宿らせたりする目的があったとする「呪術説」，また，身を飾りたいという意識は本能に近いとする「装飾説」などが語られるのも，衣服のはじまりの頃から，身体保護とは無関係に，身を飾るという文化が築かれてきたことが知られているからである。また，狩猟用具や採集したものを運ぶ紐や袋などの道具が，衣服に発展したという「運搬説」のような考え方もある。

（2）衣服の発達

　糸がつくられるようになり織物が製造されたのは，確認できる範囲で，古代エジプトやメソポタミア文明の時代である。麻や毛織物が作られている。暑熱環境下では薄着であることが多く，作業をしていて暑くなった場合には，気軽に衣服を脱いでしまっていたといわれる。古代ギリシアやローマでは，薄い布を体にまとう衣服が発達した。身体に合わせて立体的な衣服を作るようになったのは，動きやすさを必要とする遊牧民や騎馬民族などから広まったと考えられている。

（3）日本の衣服

　紀元前3000年の時代には，懸衣^{かけぎぬ}，貫頭衣とよばれる簡単な衣服を着ていたといわれる。古墳時代には，稲作の伝来とともに服飾文化も大陸の影響を受けるようになる。はにわを見ると，どのような服装をしていたのか，ある程度知ることができる。上下に分かれた二部式と，農民などが着用する膝丈く

らいの簡素な衣服とがあった。

　飛鳥・奈良時代までは中国の影響が強いが，平安時代には，日本の独自性が表れる。何枚も上着を重ねる着装が十二単や束帯にみられ，自然や季節感を色の重なりで表現する工夫がこらされるようになる。こうした衣装は，現代の皇室における神事の際の正装として残っている。この時代までは，衣服の素材は，貴族階級は絹や麻を，庶民は麻以外に楮（こうぞ），藤など植物の茎や樹皮を使用していたとされる。

　武士が台頭してくる時代には，服装も簡素化し，活動性や力強さを示したものになる。平安時代まで下着として着用されていた小袖（袖口の小さい白絹の着物）が，外衣として着られるようになっていく。これが現代の和服の形式につながっていく。また16世紀以降に，綿花の栽培が普及し，次第に庶民の衣服は綿で作られるようになっていく。

　江戸時代には，町人の服飾文化が発達し，装飾性の豊かなものよりも縞や格子などのシンプルな柄が好まれるようになる。着物の着装の仕方や帯の結び方は，江戸時代にほぼ完成し，現代に受け継がれている。

　明治になり，軍服と官僚の正装として洋服が採用される。男性の洋装化が先行して進み，女性の洋装が一般化するのは昭和20年代以降である。昭和30年代の生活スタイルを描いている長谷川町子の漫画『サザエさん』に登場する波平さん（50代男性）は，背広姿で出勤するが，自宅でくつろぐときは和服である。おフネさん（50歳前後女性）は和服に割烹着スタイルで日常を過ごしている。その子ども世代である，サザエ，マスオ夫婦は日常的に洋服を着用している。それまで，衣服は財産（耐久消費財）と考えられており，既製品が安価に大量に出回るようになったのは，1970年代以降である。これには化学繊維の発展や産業構造の変化が大きく影響している。

（4）衣服の形態

　着用の仕方により，衣服は図表6-1のように類型化することができる。

　曲面をもつ立体である人体に，直線と平面から成り立っている衣服（平面構成）を着装するためには，着付けや着こなしの技術が必要である。現代人にとって和服を着るには，着付け教室が必要になっている。一方，曲線やダーツ

図表6-1　衣服の類型

	着　方	代表的な例
巻衣・懸衣	布を切ったり縫ったりせずに，身体に巻く，懸ける形式	サリー（インド），ヒマティオン（古代ギリシア），トーガ（古代ローマ），ロインクロス（エジプト）
貫頭衣	布の一部に穴を開け，頭を通して着用する	ポンチョ
脚衣	履く	ズボン
寛衣	ゆったりと包む	ダルマティカ，和服，チュニック
窄衣（さくい）	ぴったりと包む	洋服

などを用いて人体に合わせて立体にした衣服（立体構成）は，裁断や縫製に技術を必要とするが，着用者は体型が合えば容易に着ることができる。

　衣服は，形式によって分類されることもある。肩から足下までひとつながりの衣服をワンピース形式という。上半身と下半身で衣服が分かれているものをツーピース／セパレーツ形式（二部式）とよび，上衣（上半身に着用する衣服），下衣（下半身に着用する衣服）のようによぶ。また，重ね着をした相対的な位置関係で，外衣／上着，内衣／中着・下着と呼び分けることもある。さらに，着用の用途により，日常着，外出着，運動着，作業着のような分類もできる。

（5）衣服に関する用語

　ここで，衣服に関連する言葉を整理しておく。
【衣服とは何を表すか】
　「衣服」とは，主に身体軀幹部（くかん）（胴体）を覆うものを指す。「被服」とは，身につけるものを総称する言葉であり，衣服以外に履き物や帽子，アクセサリー，場合によっては鞄や寝具までを含めて指すこともある。「衣類」は，着るもの，着物，衣服を指す。着物は和服を限定的に示すことが多いが，衣服を総称する使い方もある。日常生活では，衣服の意味で「服」「洋服」などの言葉が使われる。「衣料」は被服材料，被服を指す。「服飾」は，被服と装飾品，

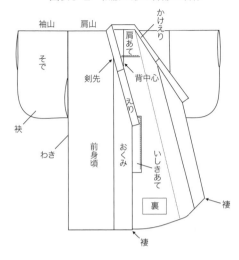

図表6-2　和服の形と各部の名称

大裁女物単衣長着

出所）増田美子ほか編『被服』実教出版，2003年より作成

服装を含んだ意味合いを示す。「着用」と「着装」はともに衣服を身につけた状態を指す。

　では，「衣生活」とは何を指すことばであるだろうか。衣服，衣類，被服，クロージング，ワードローブ，ファッション，服飾など，着ることをめぐる言葉は豊富にある。しかし，こうした単語を一つひとつ理解しても，我々の衣生活を捉えることはできない。衣服を着用して生活するという行為だけでなく，衣服を選ぶこと，衣服を着て人と関わることなど，総括した意味を含むものであるといえる。

【和服の各部の名称】

　日本のことわざや慣用表現にも衣服に関する表現が多くある。「無い袖を振る」「袖（袂）を分かつ」「辻褄を合わせる」などである。これらは，和服の名称に基づいた表現であるので，現代人にはわかりにくい印象があるだろう。和服の各部の名称を図表6-2で確認し，洋服と比較してみよう。

2　衣服の機能と快適性

　衣服には大きく分けて，2つの機能がある。1つは，身体を保護し活動をしやすくするという生理的機能である。もう1つは，社会生活上のはたらきであり，文化的機能ともいえる。

　日本では，洋装が一般化してから2000年代の初めころまでは，夏でもスーツにネクタイを着用しているのが男性の正しい礼儀であり，女性はストッキングを着用し，先のとがったハイヒールをはき続けている。どちらも快適とは言いがたい場合があるが，日本の社会で受容されてきた習慣である。

　ヨーロッパで20世紀初頭まで流行したコルセットは，女性だけではなく，19世紀にはイギリスなど一部では男性も着用した形跡がある。中国で幼児期に女子の足を布できつくしばり成形する纏足は，10世紀頃から始まったとされるが，たびたび禁止されても続いていた習慣である。衣服を着ることによって，不快になったり，身体を傷つけたりする場合もあるが，所属する集団のなかで，美しいとされる基準に合わせることで得られる快適感もあるものと考えられる。快適に感じるには，心理的な快適感も含まれるものであり，衣服を着用する目的は身体保護だけではない。そのバランスをどのようにとるかは，時代や文化，個々人の考え方により大きく異なる。

（1）生理的機能

【保健衛生上の機能】

　暑さ寒さから身を守る，外傷を防ぐ，皮膚表面を清潔に保つという機能を保健衛生上の機能という。身体の保護は，被服の重要な役割である。

　私たちの体は，体温が36～37℃程度の恒温を維持している。発汗により水分が放出されるが，発汗量は，気温，運動量などにより大きく変動する。発汗以外に，呼気に含まれる水蒸気と皮膚表面から蒸発する水分を不感蒸泄というが，これにより1000グラム／日の水分が放出される。不感蒸泄の一部が被服によって吸収される。

【衣服気候】

　皮膚表面と衣服，衣服と衣服の間には間隙があり，そこには空気が含まれ

ている。その空気にも温度，湿度，気流があり，つまり衣服内には外気とは異なる気候がつくられているといえる。これを衣服気候という。人体にとって快適な衣服気候は，衣服最内層の温度32±1℃，湿度50±10％ＲＨ，気流25±15cm／secの範囲とされている。

【保温性・通気性】

　保温性は，衣服が熱を失うことを防ぐ性質である。熱伝導率が低い繊維であれば，衣服素材そのものがもつ保温性は高くなる。空気は繊維に比べて熱伝導率が低いため，静止空気を保つことにより，空気が断熱材の役割を果たす。衣服の形態を工夫して対流や放射により熱が逃げることを防ぐことで，保温性を高められる。

　通気性は，布が空気を通過させる性質をいい，布になってはじめて現れる性質である。空気を動かすことにより，換気を行うことができる。

【吸水性・吸湿性】

　水滴の水を吸収する吸水性と，水蒸気を吸収する吸湿性とがある。綿や麻などのように繊維そのものの吸水性が高いものもあるが，糸や織物，編み物の毛細管現象を利用して吸水することもできる。吸湿性は繊維のもつ性質によるところが大きく，セルロース系の繊維とタンパク質系の絹や毛は吸湿性が高く，合成繊維は吸湿性が低い。毛は吸水性が低いが，これは表面を覆っているスケール（鱗片，cuticle scale）の外側の膜が，水蒸気は通すが水は通さないためである。吸水性，吸湿性の高い繊維のなかには，吸水，吸湿したあと水分を放出しづらいものもあり，綿製品は濡れた場合に乾きにくい。

【着装の工夫】

　冬は保温性の高い繊維の衣服を，空気を適切に取り込めるように着装する。夏は，通気性のよい素材を用いた衣服を，開口部を工夫して着用する。

　衣服は，繊維と空気といくらかの水で成り立っている。繊維間あるいは糸の間に空気をどれだけ含んでいるか示すために，見かけの布地の体積に対する空気の割合を表したものを含気率という。この含気率は，きつく織った布でも55％以上である。布に占める繊維の体積が50％を超えるものはなく，毛織物は20〜30％が繊維であるにすぎないことから，衣類の半分は空気であるといえる。生理的な快適感には，空気が大きく影響する。繊維は空気にくら

べて熱伝導率が大きいが，繊維の種類のちがいによる差はあまりみられない。空気を多く含む構造にした衣服は保温性を高くすることができるが，むやみに重ね着をすると，活動性が悪くなるばかりでなく，空気の層を押しつぶして保温性が低下する。また，布は吸水すると熱伝導率が増大し，保温性が低下する[1]。したがって，吸湿性，吸水性の高い繊維は保温性を低下させやすい。

　涼しく着装するためには，衣服の換気を行う。上向きの開口部をとり，空気が動きやすいゆとりの多い衣服が適している。被覆面積は社会生活上，許容される範囲で少ない方が換気や放熱には効率的である。

【生活活動上の機能】

　衣服には，活動をよりしやすくする働きがある。休息する場合には，体を締め付けない衣服がよく，運動をする場合には，それぞれのスポーツに適した衣服を着用している。また，調理服は，安全かつ衛生的に作業するための衣服である。特殊な衣服としては，消防服，潜水服，宇宙服などがある。

（2）社会生活上のはたらき

　衣服は他者の目に触れるものであるから，衣服を着るということはそもそも社会的な行為である。着用者自身が心理的快適感を得ることは重要であるが，人は，所属している集団の規範に従って衣服を着ている。たとえば，小袖は現在では，和服の外衣として用いられているが，もともとは白色で下着として着用した衣服である。キャミソールという女性の下着が，カラフルになりジャケットのインナーとして他者の目に触れる部分で用いられていることもある。20世紀になり，スカート丈が短くなったり，17世紀のヨーロッパではレースやフリルが男性の間で流行したりしたこともある。このように，規範が変化していくこともある。

【儀礼的機能】

　冠婚葬祭の折りに着用する衣服は明確なルールがあり，服装規定（ドレスコード）が示される職場もあることがその例である。また，身だしなみとしてその場にふさわしい服装が求められることもある。

【帰属意識・標識を表す機能】

制服を着用していれば，他者からみて所属集団がわかる。また，身につけているものによって地位や身分を表現することも可能である。つまり，衣服は，標識として機能しているといえる。また，スポーツのユニフォームのように，帰属意識を高める効果もある。

【自己表現の機能】

　衣服は身を守るものであるが，それだけでは衣服を着る理由が説明できない。服装に流行を取り入れたり，規範をあえて逸脱したりしながら，社会（他者）との関係のなかで自分自身を表現している。

3　衣服の材料

　世界的には人口が増加しており，経済的に豊かになり，2000年代後半からは，低価格衣服を短期間で着用するサイクルを想定して販売されるファストファッション（ファストフードからの転用）の流行などにより，世界全体での繊維の消費量は増大している（図表6-3）。

　日本は，繊維製品の生産が主要な産業だった時代もあるが，現在は化学繊維の生産量も減少し，衣料品は原材料，製品とも輸入に頼っている。

　衣服の材料としては，布が主要であるが，ファスナー，ボタン，ベルトなどに金属や合成樹脂も使われている。また，ゴム，芯地や肩パッドなど，衣服材料は多種多様である。

　ここでは，布の成り立ちを知り，繊維が糸や布になる過程をみていく。

（1）繊維

　繊維は炭素が多数つらなる高分子からなっているものが多く，細長くできている（直径：長さの比《アスペクト比》が1：1000程度）。そのなかで，使用に耐えるものが衣服材料として利用されてきた。

　繊維は，天然繊維と化学繊維とに分けられる。自然界に繊維の形として存在し，そのまま使えるものが天然繊維である。化学繊維とは，「その原形を一度消失せしめて，人工的に我々の要求する形態，性状を付与[2]」したものと定義することができる。絹に似た繊維の開発を目指し，人工的に繊維をつく

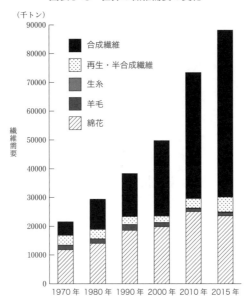

図表6-3　世界の繊維需要の変化

（千トン）

- 合成繊維
- 再生・半合成繊維
- 生糸
- 羊毛
- 綿花

繊維需要

1970年　1980年　1990年　2000年　2010年　2015年

出所）矢野恒太記念会『日本国勢図会（2018/19年）』2018年より作成

ることは，17世紀頃から試みられていた。化学繊維には，自然界では繊維の形では存在せず，化学的に合成して繊維状にした合成繊維と，繊維として存在するが，そのままでは使えないものを加工して作り出す再生繊維と半合成繊維とがある。化学繊維は，溶解したものをノズルから押し出して成形するため，長い繊維を作ることができ，また，繊維の断面形状を自由に変形（異形断面繊維）することができる。

　繊維は，衣料品に使用される場合は，家庭用品品質表示法に基づき，分類・表記される（図表6-4参照）。表中の［　］内の指定用語が使用される。繊維の特徴[3), 4), 5)]により，用途が異なる。近年に開発された新素材は，家庭用品品質表示法の繊維製品品質表示規定による名称が定まっていないため，指定外繊維と表記される。

【植物性繊維】

　植物の組織はセルロースで，吸水性，吸湿性に優れている。また，丈夫で

図表6-4　繊維の種類と用途

		代表例 [指定用語]	原料	特徴	用途
天然繊維	植物繊維	綿［綿，コットン，COTTON］	綿花	吸湿・吸水性が大きい。丈夫で，染色性に優れている。しわになりやすい。	肌着，タオル，夏物衣料
		麻［麻］	麻の茎	吸水性，放水性に富み，涼感がある。しわになりやすい。	夏物衣料
	動物繊維	羊毛［毛，羊毛，ウール，WOOL］	羊の毛	かさ高になりやすく，保温性が高い。アルカリに弱い。虫害にあいやすい。	ニット，冬物衣料
		絹［絹，シルク，SILK］	カイコガの繭	軽くて暖かい。吸湿性がある。日光に弱い。虫害を受けやすい。	和服，婦人服
	鉱物繊維	ガラス［ガラス］	ケイ素（ケイ酸塩）	引っ張りに強く，耐熱性，絶縁性が優れている。吸湿性はなく，薬品に強く，虫害も受けない。	カーテン，断熱材，ドーム球場のドーム部分
		炭素繊維［炭素繊維］	有機繊維を高温で炭素化する	原料により，異なる性質を示し，用途も異なる。建材，スポーツ用品，電極など多岐にわたる。	
化学繊維	再生繊維	レーヨン［レーヨン，RAYON，ポリノジック[i]］	木材パルプ	吸湿・吸水性に優れている。ぬれると弱くなる。染色性がよい。	婦人服
		キュプラ［キュプラ］	リンター[ii]，木材パルプ	レーヨンと類似しており，原料の質がよいため，レーヨンよりも優れている。	裏地，人工腎臓用中空糸
		リヨセル［指定外繊維］	木材パルプ（ユーカリ）	吸湿・吸水性に優れている。ぬれても弱くならないが，硬くなる。	デニム，夏物衣料

		代表例 [指定用語]	原料	特徴	用途
化学繊維	半合成繊維	アセテート[iii] [アセテート, ACETETE, ト リアセテート]	木材パルプと酢酸	吸湿性が少しある。保温性，弾力性があり，光沢がある。熱に弱い。	婦人服，和服
		プロミックス [プロミックス]	アクリロニトリルと牛乳のタンパク質	しなやかで手触りがよく，光沢がある。	婦人服，和服，スカーフ，暑熱環境下での衣服
	合成繊維	ナイロン [ナイロン，NYLON]	石油ナフサなど	熱可塑性がある。引っ張りや摩擦に強い。日光で黄変する。	ストッキング，ランジェリー，毛布
		ポリエステル [ポリエステル, POLYESTER]	石油，石炭，天然ガスなど	丈夫で，比較的熱に強い。吸湿性がほとんどなく，乾きやすい。しわになりにくい。	衣料，寝具，インテリア製品など多岐にわたる
		アクリル [アクリル]		毛に似た感触があり，かさ高である。染色性，保温性に優れている。	ニット，毛布，カーペット
		ビニロン[iv] [ビニロン]		吸湿・吸水性がある。しわになりやすい。耐薬品性があり，バクテリアに強いため腐食しない。	作業服，漁網，テント，ロープなど
		ポリウレタン[v] [ポリウレタン]		伸縮性がある。ゴムより劣化しにくい。	水着，レオタード，ファンデーション，ストレッチ性のある衣服

i　平均重合度が450以上のもの
ii　綿花を取り除いた後に種の周囲に残る短い繊維のこと
iii　水酸基の92%以上が酢酸化されているもの
iv　石油などから合成されたポリビニルアルコール（PVA）からつくる
v　スパンデックスとよばれる弾性繊維が知られている

扱いやすい。代表的な植物性繊維は綿と麻である。

　綿（cotton）は紀元前にエジプトですでに用いられていたとされる。日本では，16世紀後半から栽培されるようになり，明治期には輸出するほどの生産量があったが，現在は商業的な生産量は，ほぼゼロとなっている。植物としては比較的栽培しやすいため，学校でも教材としてワタの栽培がしばしば行われている。

　麻は，繊維として用いられるものが20種類ほどあり，植物としては分類上の「科」が異なるなど，特徴も多用である。茎の皮を用いるものや葉脈を用いるものなど，植物の種類によって繊維を取り出す方法が異なる。現在，日本で衣料品に麻と表記できるものは，苧麻と亜麻である。苧麻（カラムシ／ラミー）は日本ではよく着られていた。亜麻（linen）は光沢があり，清涼感がある。テーブルクロスやシーツなどにも用いられ，これらをリネンとよぶのはその名残である。また下着をランジェリーと呼ぶが，これは亜麻のフランス語lingerieである。

【動物性繊維】

　動物の毛とカイコガの繭からとったものが中心で，たんぱく質を主成分とする。毛は，羊のほかには，アルパカ，らくだ，アンゴラウサギ，カシミア山羊などが衣服材料に利用される。毛は人間の毛髪と似た構造をしており，性質も類似している。

　カイコがつくる1つの繭からおよそ1300メートルの絹繊維がとれる。試験場などで，カイコを販売ないし配布しているところもあるので，理科や生活科の授業でも育てることがある。また，養蚕ができるカイコのほかに，野蚕と呼ばれる野生のカイコには，黄緑色の繊維を作り出す山繭などがあり，珍重されてきた。

　蜘蛛の糸も強度が強いことから注目されており，バイオリンの弦をつくることが実現し，実用化に向けての研究も行われている[6]。

【鉱物繊維】

　被服材料として使われることは少ないが，ガラス（グラスファイバー），炭素繊維，金属繊維，石綿（アスベスト）が鉱物由来の繊維である。蛇紋石や角閃石から採取される石綿は，断熱・保温や耐火用の建材として壁，屋根，外装・

内装などによく用いられたが，人体に影響を及ぼすため，現在は使用禁止になっている。

【再生繊維】

　天然に存在する高分子を，一度溶解してから繊維状にしたものである。植物からとれるセルロースを原料にしたものが多く，衣料にはレーヨン，ポリノジックがよく使われる。レーヨンは化学繊維のなかで最も早く1892年に実用化された。近年はテンセル／リヨセルも使用が伸びている。テンセルは家庭用品品質表示法では「指定外繊維」とされているが，レーヨンに似た性質をもち，下着や婦人服素材として用いられることが増えてきている。

【半合成繊維】

　天然の原料を化学的に合成し，繊維化する。木材パルプや，綿繊維を取り除いたあとの綿の種実の表面に残るリンター（コットンリンター）のセルロースと無水酢酸で酢酸セルロースをつくり，アセトンに溶解してつくる繊維がアセテートである。絹に似た風合いをもち，婦人服地や和服地に用いられる。日本で開発されたプロミックスは，牛乳に含まれるたんぱく質のカゼインを，アクリルの原料に重合して高分子をつくる。

【合成繊維】

　石油や石炭を原料として，繊維状になる高分子を製造する。共通した性質として，摩擦や引っ張りに強く，かびや虫害を受けず，耐薬品性にも優れ，しわになりにくく，耐久性が高いことがあげられる。一方，吸湿性が小さく，静電気を帯びやすい，毛玉（ピリング）ができやすいなどの欠点もある。合成繊維は熱に弱いが，熱可塑性（熱により軟化して形をつくりやすくなるが，常温では変形しないため固定化される性質）がある。ナイロン，ポリエステル，アクリルが世界三大合成繊維とよばれる。

　ポリエステルは繊維全体の生産量の3割をしめ，衣類のほかに漁網などにも用いられるが，丈夫過ぎて問題になっている。最近では，ペットボトルからポリエステル繊維に再生することもできるようになり，フリースや企業の制服などに利用されている。また，1980年代後半から，ポリエステルを改質して異形断面繊維や極細繊維をつくることが盛んに行われ，GORE-TEX®，トレシー®などの商品が開発されている。これらの新技術を用いたポリエステ

107

ル繊維を新合繊と呼ぶこともある。

　ナイロンは，軽くて強度が大きく，摩擦や薬品に強い。また，しわになりにくく，染色性がよいなど，優れた化学繊維である。短所としては，のびやすく腰がないこと，紫外線に弱いことなどが挙げられる。1935年に登場し，絹のストッキングにとってかわった。

　アクリルは，ねじれや縮れ，小さなループを与えるなどの加工により，軽くてかさ高（かさが大きい）な製品を作ることができる。染色性がよく，美しい色の製品ができ，セーターやマフラーなどに用いられている。

　ビニロンは1939（昭和14）年に日本で開発された。強度はポリエステル，ナイロンに続いて大きいが，生産量は少ない。

（2）糸

【糸の構造】

　繊維は束にしてよりをかけ，糸として用いることで使用範囲が広がる。

　綿，麻，毛などは，繊維の長さが短い。綿繊維の長さは2〜5センチメートル，麻繊維は50〜150センチメートル，羊毛繊維は8〜10センチメートル程度とされる（いずれも品種により，この範囲外のものもある）。そのため，繊維をそろえて連続に並べ，よりをかけて固定化する必要がある。この工程を紡績といい，紡績により作られる糸を紡績糸という。自家用の糸をつくるための糸つむぎは，こまを使ってよりをかける簡単な方法もある。

　繊維の長さが長く，そのままより合わせて糸にできるものをフィラメント糸という。化学繊維はフィラメントであるが，用途によってあえて短く切って紡績糸とすることもある。天然繊維では絹のみがフィラメントである。繭を煮てセリシン（繊維の表面を覆っているたんぱく質）を軟化させて，糸繰り機を用い，複数の繭から繊維を繰り出しながらより合わせていく。こうしてできた糸を生糸といい，生糸をつくるプロセスを製糸という。2014年に世界文化遺産に登録された富岡製糸場は，当初は良家の子女の就職先として働き手を集めることもあった。繊維産業は近代化以降の日本にとって，重要な産業の一つであった。

　繊維を引きそろえた束が1本の糸であれば片より糸（単糸）といい，片より

糸を2本以上合わせたものを諸より糸（合糸）という。用途により，片より糸と諸より糸とが使い分けられる。糸をつまんで，一定方向にねじっていくとよりがとける。よりをといた段階で繊維状に離れれば片より糸であり，複数の糸に分離できれば諸より糸である。

　繊維は，それぞれ長所と短所があるため，異なる特徴をもった繊維を混ぜ合わせて糸にすることがある。これを混紡という。たとえば，綿は吸水性に優れているが乾きにくく，しわになりやすい。ポリエステルは吸水性がほとんどないが，しわになりにくい。両者を混紡することにより，しわになりにくく，乾きやすい製品をつくることができる。

【糸の太さの表し方】

　糸の断面は不定型なため，直径で太さを表すことができない。そこで太さの表記には，恒重式番手（綿番手）と恒長式番手（デニール，テックス）が用いられている。恒重式番手は，綿や羊毛，麻の糸に用いられる。綿を例にとると，1ポンド（453.6グラム）の重量の糸が840ヤード（768.1メートル）の長さの場合を1番手として表し，数字が大きくなるほど糸が細くなる。恒長式番手としてよく使われるデニールは，9,000メートルで重量が1グラムのものを1デニールとし，数字が大きいほど糸が太いことを示す。恒長式番手のひとつであるテックスは，1,000メートルあたり1グラムの糸を1テックスとするものである。テックスは，繊維によって異なる番手法が使用されていることから，共通して用いられるものとして考え出された。

　糸は，縫い糸や毛糸として糸そのものを使用する場合もあるが，織り糸としても使われる。

（3）布

【布の種類】

　布には，糸から作られる織物と編み物，繊維を絡ませて平面状にするフェルト，不織布などがある。不織布は繊維を樹脂やシートで固着させて平面にしたもので，使い捨てのシーツや医療用被服に使用されている。またレースも布の一種である。

　皮革は布とはよばないが，衣服材料になる。ムートンのように毛がついて

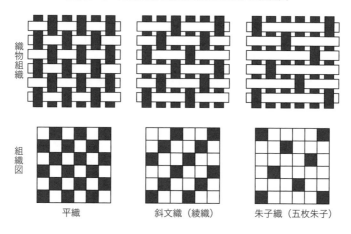

図表6-5　三原組織の織物組織（模式図）と組織図

織物組織

組織図

平織　　　　　　斜文織（綾織）　　　　朱子織（五枚朱子）

出所）林雅子・酒井豊子『被服材料学』実教出版，1975年などを参照し作成

いる毛皮と，毛やうろこなどを取り除いた皮革とがある。

【織物】

　織物は縦と横に複数の糸を交錯させて平面にしたものである。『つるの恩返し』は手織り機ではたおりをしているが，昔話にあるように，糸つむぎやはたおりは，工業化が進む以前は女性が担うことが多く，衣類も各家庭で生産されていた。1890（明治23）年に豊田佐吉（TOYOTAの創業者）が織機を発明し，1924年には自動織機「無停止杼換式豊田自動織機（G型）」が完成している[7]。

【織物組織】

　糸の交錯する本数や糸と糸との間隔によって，多様な織物ができる。図表6-5に示すように，基本となる3種類の織り方は，平織，斜紋織（綾織），朱子織りで，これを三原組織という。同じ織り方でも，材料となる繊維を変えると，異なった特徴と風合いをもった織物ができる。平織は糸の交錯点が多いため，糸がずれにくく丈夫である。ブロード，ギンガム，シーチング，さらしなどが代表的な平織である。サージ，ギャバジン，デニムなどをよく見ると，布の表に斜めの畝が見える。そのため，斜文織とよばれ，平織よりも柔らかく，光沢のある布を織ることができる。朱子織は，糸の交錯点が少ないため，糸が布の表目に長く出る。糸ずれしやすくしわや折り目が目立ちやす

図表6-6　日本の織物・染物

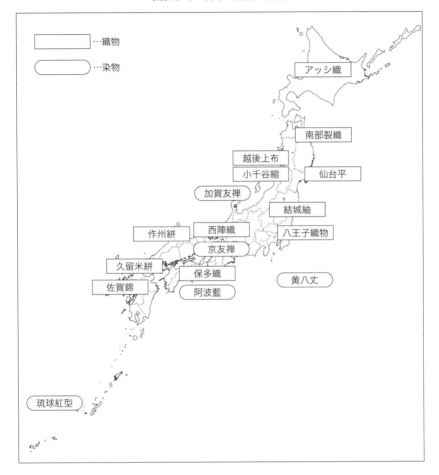

いことが欠点であるが，糸の光沢が生かせる織り方である。サテン，ドスキン，綸子など礼服やドレスの素材として使われることが多い。

　また，地域の特産品として知られている布もある。絹織物では紬や西陣織，麻では越後上布などがある。図表6-6には，織物および染め物の産地を示した。

【編み物】

　編み物は，1本の糸をループに絡ませて平面状に作り上げるもので，縦方

よこメリヤスの例

出所）林雅子・酒井豊子『被服材料学』実教出版，p.91

向に編み進めるものをたてメリヤス，横方向に編み進めるものをよこメリヤ
スという（図表6-7）。手芸での編み物は横方向に進む。

　編み物地は縦横方向ともによく伸びることが特徴である。伸縮性があるた
め，スポーツウェアや下着に適している。現在は，セーターなどのほか，ジ
ャージー素材といわれる編み物地が，ジャケットやワンピースなどの外衣に
も用いられるようになった。

（4）繊維製品の加工

　色の付いた糸で織り柄を出すこともできるが，織り上げた布を高度な技法
で染色する技術も発達している。

　染色以外にも繊維の加工が行われている。防しわ・プリーツ加工などは，
形態を安定させ，手入れの手間を省く効果がある。ストーンウォッシュは，
わざとムラを出す加工である。これは，衣服の美観をよくするために行われ
る。撥水加工，防虫加工，UV加工などは，衣服の取り扱い性能をよくする
目的で行われる。

確認問題

　1　暑熱環境（砂漠，エジプトなど）に生活する人々が，足下まで覆う衣服を
　　着用している理由を考えよう。
　2　日本の綿花生産の歴史を調べよう。
　3　布地をたて，よこ，ななめの3方向にそれぞれ引っ張って，伸び方の

　違いを比較しよう。

引用文献・より深く学習するための参考文献

1) 中橋美智子編『新しい衣服衛生〔改訂第2版〕』南江堂，1997年
2) 島崎恒藏編著『衣の科学シリーズ　衣服材料の科学〔第3版〕』建帛社，2009年
3) 同上
4) 林雅子他『被服材料学』実教出版，1975年
5) 大野静枝『衣生活の科学』建帛社，2000年
6) 大﨑茂芳「繊維集合体における隙間のないユニークなパッキング構造化の研究」科学研究費助成事業（2012-2015），科学研究費助成事業データベース http://kaken.nii.ac.jp/d/p/24655105.ja.html
7) TOYOTA自動車webサイト http://www.toyota.co.jp/jpn/company/history/1867.html

第 **7** 章

衣生活の自立

気に入った衣服を入手し，適切に取り扱うことで，長期間よい状態で着用できる。これは，環境にも配慮した生活をすることにつながる。現代は，廃棄される衣服の量が多く，一度も袖を通されることがなく処分されるものもある。衣生活は既製品を活用することで成り立っているが，衣服の手入れやものづくりの技能も大切である。本章では，自分にとって快適で，なおかつ環境負荷を少なくした衣生活をつくることについて考える。

キーワード

家庭用品品質表示法　快適性　手縫い　ミシン縫い　リサイクル

1　衣服の入手から廃棄

(1) 入手する，選ぶ

衣服を手に入れてから手放すまで，どのように意思決定しているだろうか（図表7-1）。選ぶための情報は十分だろうか。何を買うか，どこで買うか，いつ買うか，ワードローブ計画を立てて購入しているだろうか。

家庭用品品質表示法は1962（昭和37）年に制定された。当初は，商品の不適正な品質表示が多かったため，消費者が不利益にならないように，生産者に表示のルールを具体的に示すことが目的であった[1]。この法律では，衣服に使用されている材質（繊維の組成）と適切な取り扱い方（家庭洗濯等取扱い方法），

図表7-1　衣服を入手してから手放すまでの流れ

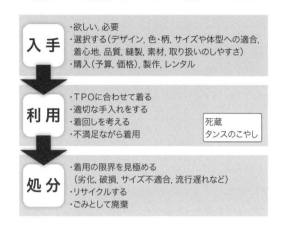

入手
・欲しい, 必要
・選択する(デザイン, 色・柄, サイズや体型への適合, 着心地, 品質, 縫製, 素材, 取り扱いのしやすさ)
・購入(予算, 価格), 製作, レンタル

利用
・TPOに合わせて着る
・適切な手入れをする
・着回しを考える
・不満足ながら着用　　死蔵 タンスのこやし

処分
・着用の限界を見極める (劣化, 破損, サイズ不適合, 流行遅れなど)
・リサイクルする
・ごみとして廃棄

撥水性の3項目の表示が義務づけられている。撥水性は, レインコートなどについて示すことになっている。

【サイズ表示を見て選ぶ】

　衣料品のサイズは, JISにより数値での表し方が示されており, S, M, Lや9号, 11号といった表記は, それぞれ着用できる範囲の身体寸法が細かく定められている(JIS 4001～4008)。乳幼児用, 少年用, 少女用, 成人男子用, 成人女子用の5つの区分において, 単数表示と範囲表示の2種類がある。単数表示は, フィット性が必要なコートやスーツ, ジャケットなどについて, ある一定の幅の中心値を代表させて表示するものである(図表7-2)。数字の後ろにアルファベットで体型を表す記号が付けられていることもある。乳幼児用衣料は, フィット性にかかわらず単数表示で50を基点として10刻みで示す。範囲表示は, フィット性をあまり必要としない衣類について,「着用できる人」の身体寸法を成人男子用「ウエスト 84～94」のように範囲(下限値～上限値)で表示するものである。

　既製服のサイズは, 大規模な身体計測調査の結果をもとに決められているが, 既製服が合わないという経験のある人は多い。また, 体型と寸法に合わせて選ぶが, 高齢者や障害のある人は, それだけでは合わせにくい。このような場合には, 衣服を部分的に直して着ることもできる。購入した店やリフ

図表7-2　衣服のサイズ表示（JIS規格，単数表示）の例

サイズ	サイズ	サイズ	サイズ	サイズ
身長　70 体重　9kg	身長　140 胸囲　62	身長　150 胴囲　74	チェスト 94 ウエスト 82 身長　　165	ウエスト 67 ヒップ　89 また下丈 71
70	140Y	150A	94A4	67-89
乳児用 （ロンパース）	少年用 （ジャケット）	少女用 （スカート）	成人男子用 （コート）	成人女子用 （パンツ）

ォーム店でも直せるが，専門家でなくても直すことのできる衣服も多い。

【組成表示を見て選ぶ】

　繊維の性質と着用感，手入れの仕方は関係しているので，表示をみることで自分の生活に合ったものを選ぶことができる。また，組成から価格の妥当性の判断もできる。組成表示の表記は，家庭用品品質表示法に基づく繊維製品品質表示規定により定められている。

　ウールマークは品質保証マークの一つで，法律で定められた表示とは別に，業界団体によって独自に設けた基準を満たした製品に表示するものである。

（2）衣服を着用する

【快適な服装】

　衣服の快適性は，生理的な快適性だけではなく，心理的な快適性も含まれる。着心地のよさは，動作のしやすさや，素材のよさなどの物理的な要素の影響は大きいが，着用していてしっくりくる服装とそうでない服装というのは，物理的な快適感だけでは説明ができない。似合う色や形，体型に合ったサイズ，自分らしい装いというものをたいていの人が持っている。

　ただし，黒が似合う人でも，黒の吸熱効果の高さを考慮すると，夏の黒い衣服の着用のように，生理的快適性と両立が難しい季節もある。また，季節感を色やデザインで表すこともあり，他者の視線も無視できない点が衣生活の難しさである。TPOに合わせた着装が求められるのは，衣服はそれを着て，一歩外へ出た途端に社会的な要素をもつためである。他者の目にさらされた自分が不快に感じるということも起こり得る。着たいものを着るという行為がどの程度通用するかは，所属する集団によって異なる。

服装が自己表現の一つであるという考え方が受け入れられるようになってきているが，一方で，服装を自由に選べないケースもある。サイズや体型が合わない，腕が上がらない，下半身が麻痺していて着脱が困難である，などの場合である。このような場合でも，既製服を修正して着用が可能となることもあるので，着用者のニーズに合わせて検討することが大切である。

【安全な衣類の着方】

衣服は本来，身体を保護する機能を満たしていることが期待されるものである。しかし，衣服によって障害を受ける場合もある。アクセサリーに使用されている金属に対するアレルギーで，皮膚が炎症を起こすような事例は耳にしたことがあるのではないだろうか。

①加工剤によるもの

家庭用品に使用される薬剤は，基準を厳しく定められているが，個人や体調によっては障害を感じることはあり得る。臭気，ちくちくする，かゆみが生じるなどはしばしば経験される。場合によっては頭痛を引き起こしたり，水疱ができたり皮膚が赤くなったりする例もある。繊維の加工段階で使用された物質により，人によっては刺激を受けることがある。また，羊毛などの布表面に飛び出した繊維の先端で刺激が生じるのは糸の構造上，やむを得ないが，その他，通気性の低い衣類を着用した場合に蒸れるなどの例もある。着用前に洗うことで，加工剤の影響は防ぐことができる。現在は，安全性に対しての基準が厳しくなっているので，1970年前後よりも障害は減っていると考えられる。

②摩擦によるもの

窮屈であったり，硬かったりする衣服により，摩擦が生じる。

③衣服圧

コルセットや和服の帯，ガードルは衣服圧が高いことが知られているが，幼児，学童が着用するズボンやスカートは，成人が着用するものよりも衣服圧が高く，腹部が圧迫された状態である[2]。

④燃焼

着衣に火が移る事故は，高齢者に多いが，子どもの浴衣にも危険性が指摘されている。そでの大きなデザイン，ひもなどの付属品に注意が必要である。

また，ネルのような起毛素材では，表面を炎が走るフラッシュ現象が起きやすい。子ども服は，万が一，炎がついても脱がせやすいものが望ましい。水をかけたり，脱がせたりできない場合は地面にころがるなどして消火し，やけどの手当てを行う。

　⑤デザインによるもの

　ゆとり量，衣服の丈，複雑なデザインが問題になる。衣服を着用して活動するには，ゆとりが必要であるが，多すぎるゆとりは衣服が扉などにはさまったり，ものに接触したりする危険性が高まる。衣服の丈でも，とくに下衣の場合，長すぎるとすそを踏む危険性が高まる。また，スカートやズボンの丈が長いと外出時に地面と接触して不衛生になる場合もある。下衣の丈が短い場合には，動作は制限されないが，社会生活上の動作範囲は狭められる。デザインが複雑になることの問題としては，着脱がしにくいこと，ポケットや付属品の位置，大きさ，ひもの長さなどがある。作業服では，ポケットや袖口がものに挟まったり引っかかったりしないよう，配慮してつくられている。

　子ども服では，紐やリボンのひっかかりによる事故が起きている。そのため，2015年に紐を付ける部位や長さに関するJISの規格が定められた。このJIS規格には強制力はなく，安全性よりもデザインを重視した子ども服を製造することは可能である。また，成長期の子ども服は，着用できる期間を長くしたいことから，大きめのサイズを選ぶことが多い。靴も同様であるが，できるだけ適切なサイズを求めたい。

　⑥静電気

　人体への影響は明らかではないが，しびれたり，衣服が体にまとわりついたりすることを不快に感じる人は多い。加湿することによりいくらか防げると考えられる。

(3) 衣服を処分する

　衣服を処分する動機は，流行遅れ，布地が劣化した，似合わなくなった，体型に合わなくなったなどさまざまであるが，着用する機会がなくなった衣服を大量に保管していることも多い。そして，着用が不可能なほどいたんだ衣服は現代の日本では少なく，着用可能なものが廃棄されている。または，

死蔵している間に劣化が進み，着用されなくなる。廃棄される衣類の量は，可燃ゴミの3〜5％といわれる。以前は，所得が高く，衣料が豊富な場合に廃棄・死蔵が多いとされていた。近年ファストファッションの流行により，繊維製品の大量消費，大量廃棄の流れが個人の衣生活にも及んでいる。しかし，世界では，衣服の入手が困難な国や地域がある。日本でも，古くは1枚の着物を大切に財産として扱ってきた。すり切れるほど着用する時代にはもどらないであろうが，若い人の間で古着が活用され，リサイクルセンターやフリーマーケットが利用されていることは，環境に配慮した生活が日常化していることの一端であるといえよう。

　繊維製品のリサイクルには，原材料としてリサイクルするものと，熱として再利用するサーマルリサイクルがある。後者の場合，繊維製品としては再生利用が不可能である。ペットボトルをフリース（ポリエステル）として衣料品に用いるリサイクルが進んでいるが，フリースを繊維に再生利用する技術は現在のところ実用化されていない。そのため，リサイクルという方法だけでは，持続可能な社会の構築には不十分である。

　自分らしく装うには，管理しきれないほど大量の衣服を持つ必要はなく，着回しと着こなしを工夫することで，快適に衣生活を送ることは可能である。資源や環境のことを意識し，消費のあり方を考えながら，手持ちの衣服を点検すると，新たな着方を発見する可能性がある。

2　衣生活の管理

　衣服は，着用している間に，汚れが付いたり，ボタンがとれたり，部分的にほころびが生じたりする。適切に手入れをすることで，美観を保ち，長く快適に着用できる。ここでは，汚れを落とすための洗濯について考える。

（1）衣類の汚れ
【汚れによる機能の低下】
　衣服の表面には，人体からと外部からとの汚れが付着する。繊維の表面を汚れが覆ってしまったり，織り糸と織り糸の間の空間（布目）が汚れでふさが

表7-3　汚れの種類

	身体からの汚れ	外部からの汚れ
水溶性汚れ	汗(塩化ナトリウム), 尿(尿素)	しょうゆ, 果物の汁
脂溶性汚れ	皮脂	食用油脂, 化粧品, 機械油
固体粒子汚れ	皮膚の代謝物, ふけ(タンパク質)	ほこり, 泥, すす, でんぷん, 繊維くず, 化粧品(顔料, 炭酸塩, ケイ酸塩など)
特殊汚れ	微生物	かび, 薬品

ってしまったりする。また，汚れや水分があると，細菌が繁殖して繊維をいためたり，悪臭の原因となったりする。肌着であれば，皮膚からの水分や汚れを付着させて肌を清潔に保つという肌着としての役割が果たせなくなる。たとえば未使用の原布と人工的に汚れを付着させた汚染布を比較した場合，通気性が大きく低下する[3]。このように汚れにより低下した機能を回復するために，手入れが必要である。

【汚れの種類】

　衣服につく汚れは，汗や皮脂に含まれる人体からの成分がつく場合と，外界からの汚れがつく場合とがある。双方が混じっているのが衣服の汚れである。汚れには水溶性汚れ，脂溶性(油溶性)汚れ，固体粒子汚れ，特殊汚れがある(図表7-3)。肌着の汚染の度合いは，部位，季節，性差，労働の強弱により違いが現れることがわかっている。汚れがつきやすい部位は，皮脂量の多い部分であり，えり，背，胸，脇の順である。皮脂量の多い夏期に汚れも多くなる。

　洗濯の頻度は家庭により判断が異なるであろうが，泥汚れや食品のしみなどは目で確認できるため，手入れ時期がわかりやすい。汗などの汚れは見えにくいため判断が難しいが，皮膚に直接接触する衣類は着用のたびに洗濯を行うことが望ましい。しかし，過剰な洗濯は布(繊維)を傷め，衣服の寿命を短くする原因にもなる。下着を適切に着用することにより，その上に重ねて着用する衣服を清潔に保つことができる。洗濯の頻度を少なくすることは，衣類を長持ちさせることにつながる。

(2) 洗濯の方法

【取扱い絵表示】

　衣類により，手入れ方法が異なるが，取扱い絵表示を見て，適した手入れ方法を知ることができる（図表7-4）。表示に，水洗いもドライクリーニングも不可と記されている衣服は，クリーニング店でも取り扱いを断られる場合があるので，購入時に検討することが大切である。

　近年，取り扱い注意表示（デメリット表示）が付けられているものが増え，「連日着用は避けてください」「淡色製品は濃色のものといっしょにしないでください」などの記載がある。背景として，素材が複雑になっていることや，消費者の繊維製品の取り扱いが不適切なために衣服が傷んでしまうことがあげられる。表示を確認することは，大切な衣服を傷めずに着用し適切な手入れを行い，長持ちさせることにつながる。

【洗濯の手順】

　効率よく洗濯を行うために，用具を揃え，洗剤なども適量を使用する。洗濯機洗いでは，洗濯物の重量を洗濯機が量る機能がついていることもあり，計量する必要も少なくなっているが，洗濯物のおよその重さを把握しておくと，少量の洗濯の際に有用である。めやすとしては，成人用の靴下が50グラム，Tシャツが100〜150グラム，タオルが60〜130グラム，ブラウスが100〜300グラム，ワイシャツが200グラム程度である。

　洗濯方法にはランドリー（湿式洗濯）とドライクリーニング（乾式洗濯）がある。ランドリーは洗濯機や手で行う水洗いのことであり，家庭での洗濯はランドリーである。商業クリーニングで行われるランドリーは，家庭洗濯よりも高温の水を使用し汚れをよく落とすことができる。ドライクリーニングは，水を使わず有機溶剤の中で衣類の汚れをとる方法である。ドライクリーニングでは，脂溶性の汚れは落ちるが，汗などの水溶性汚れは落ちにくい。また，溶剤のなかでは石油系溶剤の方が衣服を傷めにくい。

　洗濯は，図表7-5の手順により行うが，はじめにブラシなどを用いて固体粒子汚れを落としておくとよい。手洗いの場合は，汚れの度合いや繊維の性質に合った洗い方をする（図表7-6）。すすぎはためすすぎを2回行えば十分である。すすぎ後に脱水し乾燥するが，日光により退色したり繊維が劣化した

図表7-4　取扱い絵表示

基本記号	洗濯処理	漂白	乾燥	アイロン	クリーニング
付加記号	弱い処理	非常に弱い処理			
	• ／ •• ／ ••• 処理温度（ドットが多いほど高温）			✕ 処理・操作の禁止	

表示の例

洗濯	液温は40℃を限度とし，洗濯機で洗濯ができる	液温は40℃を限度とし，洗濯機で弱い洗濯ができる	液温は40℃を限度とし，非常に弱い洗濯機で洗濯ができる	液温は40℃を限度とし，手洗いができる	家庭での洗濯不可
漂白	塩素系及び酸素系の漂白剤を使用できる	酸素系漂白剤の使用はできるが塩素系漂白剤は禁止	塩素系及び酸素系漂白剤の使用不可		
乾燥	つり干しがよい	日陰のつり干しがよい	ぬれつり干しがよい	日陰のぬれつり干しがよい	平干しがよい
	タンブル乾燥ができる	低い温度でのタンブル乾燥ができる	タンブル乾燥不可		
アイロン	200℃（高温）まで	150℃（中温）まで	110℃（低温）まで	アイロン掛けは不可	
クリーニングの種類	パークロロエチレン及び石油系溶剤によるドライクリーニングができる	パークロロエチレン及び石油系溶剤による弱いドライクリーニングができる	石油系溶剤によるドライクリーニングができる	石油系溶剤による弱いドライクリーニングができる	ドライクリーニング不可
	ウェットクリーニングができる	弱い操作によるウェットクリーニングができる	非常に弱い操作によるウェットクリーニングができる	ウェットクリーニング不可	

図表7-5　洗濯の手順

	洗い方	目　的
もみ洗い	両手で洗濯物をつかみ，手でこすり合わせるようにする。	丈夫な布の衣類，色落ちしない布
つまみ洗い	両手の親指と人差し指で汚れの部分をつまみ，洗剤液をつけ，少し爪を立てるようにして細かく動かす。	部分汚れを落とす
押し洗い	両手で洗濯物を容器(たらいや洗面器)の底に押しつけたり離したりする。	摩擦に弱い衣類の洗濯
ブラシ洗い	洗剤液をかけながら，布目にそってブラシでやさしくこする。	ワイシャツのえり，スカート，ズボン

表7-6　手洗いの方法

りすることもあるので，日陰干しが適しているものもある。また，型崩れを防ぐために平らなネットなどの上に置いて平干しするものもある。タンブラー(タンブル)乾燥は，乾燥機で衣類を回転させながら乾燥することで，短時間で乾かすことができるが衣類がいたみやすいため，取扱い絵表示では禁止と表示している衣類も多い。

(3) 洗　剤
【洗剤の種類と用途】

　水溶性汚れは水のみでもある程度は落とすことができる。水だけでは落ちない汚れを落とすのは，界面活性剤である。界面活性剤には親水基と親油基があり，親油基が油性汚れに付いて汚れを浮かす(図表7-7)。また，繊維の表面に汚れが再付着するのを防ぐ。

　洗剤液の量は，洗濯物の量に対して決まる。洗濯物の重量に対する洗浄液

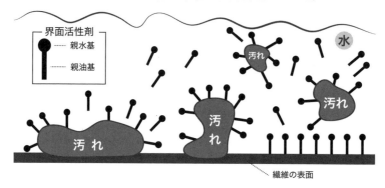

図表7-7 汚れの落ちる仕組み（界面活性剤のはたらき）

界面活性剤
●━ …… 親水基
│ …… 親油基

水

汚れ

汚れ

汚れ

汚れ

繊維の表面

図表7-8 洗濯用洗剤の種類と用途

	液性	組成	特徴	用途
石けん	弱アルカリ性	脂肪酸ナトリウム（石けん）	生分解性に優れ環境負荷が比較的少ない。冷水に溶けにくい。「石けんかす（金属石けん）」ができやすい。	綿，麻，合成繊維
複合石けん	弱アルカリ性	脂肪酸ナトリウム（石けん）が70％以上	「石けんかす（金属石けん）」の生成を防ぎ，水に溶けやすくするため，合成界面活性剤を配合している。	綿，麻，合成繊維
合成洗剤	弱アルカリ性	直鎖アルキルベンゼンスルホン酸ナトリウム（LAS），アルファオレフィンスルホン酸ナトリウムなど	配合剤によって，弱アルカリ性にも中性にもできる。石けんよりも硬水の影響を受けにくい。	綿，麻，合成繊維
	中性	ポリオキシエチレンアルキルエーテル*など	*液状のものが多いため，低温でも溶けやすい。	毛，絹，デリケートな衣類

の量を浴比という。浴比は，洗濯機洗いでは1：20〜30，手洗いでは1：10程度がよい。洗剤の量が多すぎると，洗剤やすすぎの水が無駄になり，環境への負荷が大きくなる。しかし，洗剤の量が少なすぎると，汚れ落ちが不十分となったり，落とした汚れが再付着したりする。洗剤のパッケージに表示された量を用い，適切な濃度にする。

　衣料品の組成によって，適した洗剤が異なるため，取扱い絵表示や組成表

示をみて，洗濯するものに合った洗剤を選ぶ（図表7-8）。

【漂白剤】

　漂白剤を用いて色素を分解し，衣類を白くすることができる。

　次亜塩素酸ナトリウム（塩素系漂白剤）は，染料を色落ちさせたり，繊維の変色やポリウレタンの劣化を引き起こして繊維を傷めたりする。また，金属等の付属品にも影響するため，使用には十分注意が必要である。塩素系漂白剤は，酸性タイプの洗剤と同時に使用すると塩素ガスが発生して危険である。

　酸素系漂白剤は，色・柄ものにも使用できるが，毛や絹の製品に使う際は衣類および漂白剤の表示を見て判断する。

【その他仕上げ剤】

　洗濯を繰り返していると，布が硬くごわついてくるので，柔軟剤で布を元の柔らかさに戻す。繊維どうしのすべりをよくして布をふっくらとさせる効果がある。すすぎの最後に加え，香りをつけるものが好まれるが，香害といわれる現象も起きているので，使用量に気をつける。

　増白剤が入っている洗剤があるが，これは青白く染色することで白さを際立たせる目的で添加されている。色が変わってしまうことにつながるため，生成りの風合いを生かした衣類などでは，使用を避けるほうがよい。

　のりは衣類にはりをもたせるために使用される。布の表面が糊剤でコーティングされるため，汚れから守る効果もある。日本の着物には天然糊（ふのり，でんぷんのり，にかわなど）を使用し，伸子張りや板張りなどが行われていた。天然糊は，虫害を受けやすくなるため長期保管の前には使用しない。現在は，化学糊のPVA（ポリビニルアルコール）をすすぎの最後に加えて仕上げる，あるいは加工でんぷん，カルボキシメチルセルロースを主成分とするものを，アイロンかけの際にスプレーするなどののりづけ方法が用いられている。PVAはスライムの材料として，また，シャボン玉を割れにくくするために，衣生活以外の場面でもよく用いられる。

（4）保　管

　短期の保管はしわにならないように，吊すものとたたんで収納するものと分ける。長期の保管は，計画的に行う必要がある。衣替えは，季節に合わせ

て衣服を着替えることをいうが，衣服を入れ替えることを指す場合もある。防虫剤の臭いを飛ばしたり，長期保管に備えて手入れをしたりする。

　日本の気候では，保管の際に虫害に加えて，湿気やカビを防止する工夫が必要である。カビは外観を損なうだけでなく，繊維を変質させる。汚れやでんぷん糊を除去し，乾燥した状態を保つようにする。

　たんぱく質系の繊維ではとくに注意が必要であるが，イガ，ヒメカツオブシムシ，ヒメマルカツオブシムシなどの幼虫が繊維を食害する。食品の汚れなどが付着したままの衣服では，繊維の種類によらず虫害を受ける可能性がある。防虫剤はピレスロイド系，パラジクロルベンゼン，ナフタリン，樟脳がある。特有の臭いが衣服に付いたり，金属類を変質させたりするものもあるので，衣服の組成に合わせて選ぶ。防虫効果の持続期間も異なるため，定期的に点検して防虫剤を入れ替える。防虫剤は揮発して効果を発揮するが，空気よりも重いため，衣服の上に置くとよい。

3　布を使って作る

（1）用途に応じた材料を選ぶ

【布の種類】

　形を保ちやすいのは，織物素材である。編み物地は伸縮性があるため，フィット性は優れているが，用途によっては向かないことがある。小学生が無理なくランチョンマットやエプロンの製作ができる布地の例として，ギンガム，シーチング，オックスフォードなどが考えられる。ほかにもさまざまな布が市販されているので，適したものを探すとよい。

【織物地の裏表と縦横方向の見分け方】

　布の表と裏は，柄や織り方で区別が付かない場合，表と判断するめやすがある。①光沢がある，②みみに標識や文字が記されている，③みみの部分の穴がへこんでいる方が表のことが多い，④糸むらや結び目がない，などである。また，綿100％のプリント柄の布地などは，購入時に表が出ていることが多い。斜紋織りの布地は，表から見た場合に斜めのうねが見える。

　布地は一般に縦より横のほうが伸びやすいため，製作の際に布の縦方向と

図表7-9　布と針と糸の関係

	布の厚さ	糸	針
手縫い	薄地	カタン糸またはポリエステル糸の50〜60番	メリケン針8〜9四の一
	普通	カタン糸またはポリエステル糸の30番	メリケン針7〜8三の二，木綿縫い
	厚地	カタン糸またはポリエステル糸の20〜30番	メリケン針7
ミシン	薄地	カタン糸またはポリエステル糸の80〜100番	ミシン針9号
	普通	カタン糸またはポリエステル糸の50〜60番	ミシン針11号
	厚地	カタン糸またはポリエステル糸の20〜30番	ミシン針11〜14号

※綿または綿とポリエステルの混紡の布の場合である。毛織物，絹織物などは絹糸を使用する。

横方向を混用すると，型崩れの原因につながる。柄のついた布も縦・横方向に注意が必要である。みみが付いている場合はみみと平行な方向を縦と判断できる。

【布と針と糸の関係】

　縫製には布に適した糸と針を用いることが大切である。布の厚さに対して，糸が細すぎれば丈夫さに欠け，糸が太すぎれば布に開く穴が大きく目立ってしまう。針によっても織り糸が切断されてしまうことがあるため，適切なものを選ぶ（図表7-9）。

（2）手縫いによる縫製

　手縫いはミシンに比べると時間がかかり，効率が悪いように思われているが，短い距離やカーブした部分を縫うには，小回りが利き，初心者にも適した方法である。

【縫製用具】

　縫製に必要な用具は，裁縫箱に入れておく。大きな裁縫箱は持ち運びに不便であるので，用具が入る程度の大きさの空き缶などを利用するとよい。縫

図表7-10

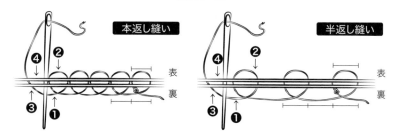

うための用具として「針刺し」「まち針」「縫い針（長針・短針）」「指ぬき」，切るための用具として「糸切りばさみ」「裁ちばさみ」，測る・印をつけるための用具として「メジャー（巻き尺）」「チョークペンシル（またはチョーク）」「へら」などを用意することが一般的である。

【縫い方】

はじめに針に糸を通し，玉結びをつくる。ボタン付けは2本どりで行うことが多い。布を縫い合わせる場合には，1本どりで十分である。縫いはじめには玉結びをし，縫い終わりは玉留めをする。これは縫い糸が抜けてしまわないために糸端を結ぶ技法である。しっかりと留めたい場合には，一針返し縫いをする。

基礎縫いの技法のうち，小学校で習得するのは，次の3種類である。

①なみ縫い

裏と表に均等な長さで縫い目が出るように縫う。4，5針続けて縫ってから糸を引くと，スムーズに縫える。

②返し縫い（図表7-10）

1) 半返し縫い：1針縫ったら，縫い目の長さの半分のところに針を刺し，そこから1針進行方向に縫う。再び，縫い目の長さの半分のところに針を刺し…を繰り返す。表から見ると，なみ縫いのように見えるが，なみ縫いよりも丈夫に縫える。

2) 本返し縫い：1針縫ってから，元の針を刺した位置にもどり，そこから2倍の縫い目の長さのところに針を出し，再び元の針を刺した位置にもどり…を繰り返す。表から見ると，ミシンの縫い目のように見える。丈

夫に縫いたい部分に使う。

③かがり縫い

常に布の後ろから針を出し，布端を巻くようにかがる。ほつれを防ぐために，縫い代の始末をするときに使う。

薄い布は，縫い目も細かく，厚い布は大きめの縫い目で縫う。布に対しては，できるだけ針を直角に刺すと，2枚の布がずれることがない。

（3）ミシン縫い

【ミシンの用途】

ミシンの歴史は古く，手間と時間のかかる手縫いに代わる機械の開発が17世紀から行われていた。実用化されたのは19世紀のことである。日本では1921年に国産のミシンが製造されている。太平洋戦争中はミシンの製造も制限されていたが，戦後に洋装化が進んだことを受けて，ミシンを利用した内職業が増加し，急速に需要が伸びた。リッカーミシンは，戦後に月賦販売で普及し，国内のシェアの半数を占める会社であったが，20世紀末に会社は姿を消している。会社が消滅しても，ミシンはメンテナンスをしながら使用が可能な機械である。ミシンには，家庭用，職業用（直線縫い），工業用があり，一般家庭や学校では家庭用のミシンが扱いやすい。

【ミシンの機構】（図表7-11）

ミシンには上糸と下糸（ボビンに巻いた糸）が必要である。上糸を通した針が布に刺さり，針がもどるときに布の裏側に小さなループを作る。そのループに下糸が通って，縫い目ができる。最近では下糸を巻いたボビンを入れるボビンケースが不要の水平釜が多く，下糸が絡まったときなどに取り出しやすいという利点がある。

ミシン縫いでは玉結び，玉留めはできないため，縫いはじめと縫い終わりは返し縫いをしておく。返し縫いは，1センチメートル（3〜4針）程度の距離を1往復するのが標準である。縫いはじめと縫い終わりの始末を丁寧にしたい場合は，表に出ている糸に針をつけて裏へ出し，裏に出ている糸といっしょに結ぶ。

【ミシンのトラブルの原因と解決方法】

図表7-11　ミシンの用具

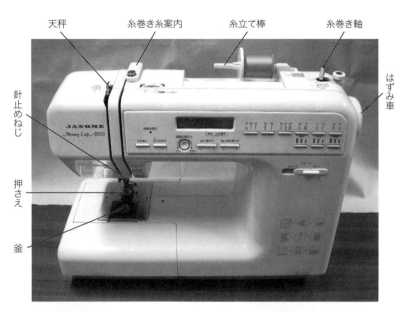

天秤　糸巻き糸案内　糸立て棒　糸巻き軸

はずみ車

針止めねじ

押さえ

釜

ミシン針（平らな面）

ミシン針

水平釜

ミシン糸

ボビン（水平釜用）

図表7-12　ミシンのトラブルと対処法

トラブル	原　因	対　処　法
ミシンが動かない、縫えない	電源が入っていない。	電源スイッチが入っているか，プラグがコンセントに差し込まれているかを確認する。
	ストップモーション大ねじがゆるんでいる，または糸巻き軸が下糸を巻く状態になっている。	ストップモーション大ねじをしめる，または糸巻き軸を縫う状態に戻す。
	縫い目の長さが不適当（0になっているなど）。	縫い目の長さを調整する。
	糸がからまっている。	上糸，下糸を確認する。
針が折れる	針が正しく付いていない。針止めねじがゆるんでいる。	針の向きを確かめてしっかりと差し込み，付け直す。
	ミシンに合った正しい針を使っていない。	適切な針に交換する。
	布地・糸・針の組み合わせが不適当。	適切なものを選ぶ。
	布地を引っ張りすぎている。	手を軽く添えて縫う。
回転が遅い、音が高い	針板の下にごみや糸くずがある。	送り歯・かまの掃除をする。
	油が切れている。	油を差す。
糸が切れる	上糸のかけ方が間違っている。	上糸をかけ直す。
	針が曲がっている。針の先がつぶれている。	針を付け替える。
	針の付け方が正しくない。	針の向きを確認して，付け直す。
	下糸の付け方が正しくない。	下糸をセットし直す。
	釜の中にごみがつまっている。	釜の中を付属のブラシなどで掃除する。
	下糸がきれいに巻けていない。	下糸を巻き直す。
	ボビンに傷がある。	傷んでいないボビンを使用する。
縫い目がきれいにならない	〈縫い目がとぶ〉	
	針が曲がっている。付け方が間違っている。	針を付け直す。
	布に対して，針の太さが合っていない。	適切な針に交換する。
	上糸のかけ方が間違っている。	上糸をかけ直す。
	〈縫い目がしわになる〉	
	上糸の調子が強い。	上糸の調子を調整する。
	薄い布地を大きな縫い目で縫っている。	1cmあたり5～6の縫い目で縫う。
	〈ループ状に縫い目が出る〉	
	下糸が表に出る→上糸が強い	上糸調子を弱くする。数字の小さい方（左）へダイヤルを回す。
	上糸が裏に出る→上糸が弱い	上糸調子を強くする。数字の大きい方（右）へダイヤルを回す。

※メーカーによって，トラブルの対処法が異なることがあるので，取扱説明書を確認する。

ミシン縫いがうまくいかないことのほとんどが，自分で解決できるトラブルである。原因を探して対応すれば，ミシンが壊れるようなことは起きない。よくあるトラブルと解決方法を図表7-12に一覧にした。

（4）アイロンの使い方

【アイロンとは】

　熱と水分，圧力によって，繊維についたしわをとったり，布を伸ばしたりする。スチームアイロンは，高温で水蒸気を布に当てて水分と熱で形を回復させるもので，ニットやネクタイなど，圧力をかけるとつぶれてしまうものに使用する。

【アイロンの温度】

　繊維によって適温が異なるので，取扱い絵表示と組成表示から総合的に判断してアイロンかけを行う。

　アイロンの底面の温度は一定ではなく，ヒーターの入っている場所により，温度分布にむらがある[4]。高温から低温に切り替えても，すぐには適温に下がらないため，アイロンをかける衣類のうち，低温のものからかけていくと効率がよい。

【アイロンのかけ方】

　綿，麻，レーヨンなどセルロース系の繊維はしわが伸びにくい。霧吹きで水分を与えてから，布の表からドライアイロンをかける。絹はスチームを使用するとしみの原因になるので，生乾きのときに裏からかける。

　毛織物の場合は，霧吹きしたあと，ドライアイロンをかける。化学繊維は熱に弱いので，温度に気をつけてドライアイロンをかける。毛製品は，ニットの場合はかさを回復するために，スチームアイロンを布に直接当てずに0.5〜1.0センチ浮かしてかけると，ふっくらとする。

　アイロンかけのポイントとしては，①布目にそってかける，②力を入れてこするのではなく，布地に熱を伝えるようにゆっくりとかける，③一方向にかける（しわがよるのを防ぐ），④てかりを防止し，布を傷めないために，衣服によっては当て布を使用する，などがあげられる。当て布をすると，30〜50℃温度が下がる。当て布は，綿100％素材の薄地で色の薄いものがよい。

【アイロン台の活用】

　アイロン台は，作業するときに腰よりもやや低い位置に台がくるようにしてアイロンかけをすると作業がしやすく，疲れも少ない。

　アイロン台の汚れは，取り外せるカバーが付いているものであれば，カバーをはずして洗濯することができる。アルミコーティングのカバーが付けられている場合は，雑巾を固く絞って拭いておく。いずれも，汚れがひどい場合は張り替える。カバーの内部まで汚れていれば，費用対効果を検討して買い換えることも必要である。

（5）被服製作に関する用語

わ……布を2つ折りにしたときに，折り目になる部分のこと。

中表（なかおもて）……2枚の布を合わせるときに，表と表を合わせること。

裁ち切り線……裁断する際にはさみで切る線。

できあがり線……作品のできあがりを示す線。この部分を縫う。

布目……布の縦・横の織り目。

ぬいしろ……布を縫い合わせるときの，縫い目から布端までの部分。

みみ……布の縦方向の両端。

しつけ……本縫いの前にする仮縫いのこと。しろも（しつけ糸）を使用する。

糸こき……手縫いの場合に，糸がつれた部分を指でしごいて平らにならすこと。

きせ……縫い目が表から見えないように，縫い目より少し深く折った部分。

三つ折り……布の端を2回折り，3枚重なった部分。

あきどまり……あきの部分の終点。ここまであきます，という位置。

　確認問題

1　1週間，自分の着用した衣服の写真をとり，天候・気温を記録し，快適性について考察しよう。

2　衣服に付けられている表示を確かめて，日常の手入れ方法と比べよう。

3　手縫い，あるいはミシン縫いで「生活に役立つもの」を作ろう。

引用文献・より深く学習するための参考文献
1)　消費者庁ホームページhttp://www.caa.go.jp/hinpyo/outline/outline_01.html（2014年7月14日アクセス）
2)　伊藤紀子「子ども用ズボンのウエストゴム圧と圧感覚」『日本衣服学会誌』50巻1号，2006年，pp.27-31
3)　中橋美智子「被服材料の汚れによる性能変化」『家政学雑誌』18巻1号，1967年，pp.24-28
4)　中橋美智子「学校教育での被服領域における実験指導例——アイロン底面温度分布測定の簡便法」『日本家庭科教育学会誌』36巻3号，1993年，pp.43-47

第 **8** 章

住生活と住文化

　住居は，自然から身を守るシェルターとしての役割をもち，洞窟や茂み
に始まり，生活の基地として，さらに，娯楽や人間関係を築くためのスペ
ースへと発展してきている。1では，住居の種類と機能について，また，多
機能になった住居で人はどのように生活しているのか概要を把握する。そ
して，2で，健康で快適な住まいとはどのようなものか，快適な住まいを
維持するために必要なことを考える。

キーワード

住居の役割　住空間　動線　起居様式　居住水準

1　住居のなりたち

（1）地域の特徴に合わせた住居

　世界と日本の4地点を比較してみると，図表8-1のように気温と降水量が
大きく異なっていることがわかる。とくに，日本列島は弓なりの形状で南北
およそ3000キロメートルにわたり，日本海側と太平洋側でも，山脈をはさん
で異なる気候の特徴を有している。また，アフリカなどの砂漠気候では降水
量が年間を通じて25ミリメートル程度の地域もある一方，日本の尾鷲のよう
に年間降水量が4000ミリメートル近くになる場所もある。そして，冬季に降
雪による降水量の多い新潟県上越地方（高田）のような地域もある。このよう

図表8-1 各地の気温と降水量の比較

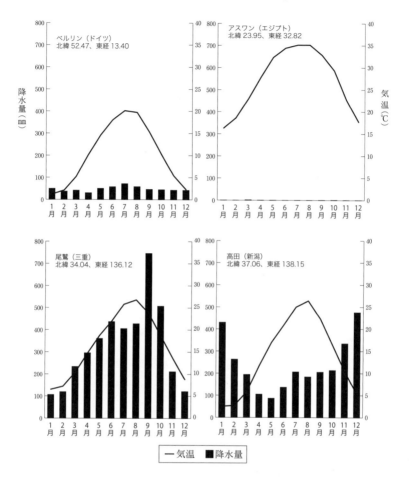

出所）気象庁「気象統計情報」より作成

な自然環境に適応するため，あるいは入手しやすい建築材料があるなどの要因により，世界には，それぞれの地域にあったさまざまな形態の住居が発達している。インドネシアのスラウェシ島の住居トンコナンのように，居住性や利便性より地位や権威の象徴としての住宅作りもみられ，必ずしも便利であったり安全であったりすることのみを重視していない住居もあるが，気候や風土によって制限されることは大きい。

図表8-2　新潟の豪雪地帯の住宅

図表8-3　ドイツの木組みの家

　日本の気候・風土は比較的穏やかであるが，雨が多く，夏には蒸し暑く，台風や地震などの自然災害も避けられないという特徴がある。それらに対応して作られた住居の多くは木造で，地域ごとの特徴として屋根に工夫がみられる。写真上（図表8-2）は，2階建ての住宅が雪に埋もれて1階がほとんど見えなくなっている新潟の住居である。

　ヨーロッパでは，採石される石の色によって街並みの色が変わる。スレートの産地は黒，赤色砂岩のとれる地域では赤，鉄鉱石など鉄分を含む石の街は鉄が酸化して黒く見える。写真下（図表8-3）は，ドイツの木組みの家である。木で枠をつくり，木の枝などを編んだ木舞とわらや木くず，砂を漆喰で固めて壁を作る。石が高価なため，1階部分は石造りにして，2階以上の部分を木組みにすることにより，工費を抑えたものとみられる。

図表8-4　縄文時代からの住居の模式図（断面）

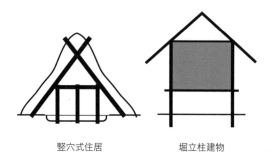

竪穴式住居　　　　　　　　堀立柱建物

図表8-5　民家の間取り例の模式図

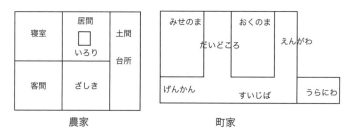

農家　　　　　　　　　　　町家

（2）日本の住居の変遷

　日本の住居は，縄文前期から竪穴式住居となる。この形式は，平安時代くらいまでは，庶民の住居として一般的な形であった。縄文中期になると，豪族の住居として堀立柱建物が作られるようになる（図表8-4）。正倉院などにみられる高床式もその一つである。

　世界最古の木造建築といわれる法隆寺の五重塔は，高さが30メートル以上あり，木造の建造物に耐久性があること，高層に建てられることを示している。平安時代の貴族の住居とされる寝殿造りの建物は現存しないが，絵巻物に見ることができる。15世紀後半に現れる書院造は，もとは寺院のなかで仏書を読むための部屋である書院が，武士の住宅に取り入れられたものである。現在でも，武家屋敷や寺社建築で目にすることができる。

　民家の間取り例を図に示す（図表8-5）。農家の間取りは地域によりいくらか違いがあるが，土間の台所があり，居間・ざしき・寝室・客間の４つが合わ

図表8-6　住居の機能

身を守るシェルター	風雨・寒暑・自然災害から身を守る 社会的ストレスからの解放
家庭生活の場	育児・子育て，病人の看護 調理・食事，団らん 家財管理 もてなし，近隣との交流など
個人発達の場	休養，くつろぎ，睡眠 趣味，仕事・学習

出所）文部科学省『高等学校家庭科指導資料』(2013) などより作成

さった田の字型といわれるものが代表的な形である。町中にあり店舗も兼ねた町家づくりは，共同の井戸や便所が裏に設けられている。現在では京都や金沢などに街並みが残っている。明治までの一般家庭，庶民は借家住まいが多い。森鷗外はたびたび引っ越しをしており，夏目漱石の引っ越し好きも知られている。

　明治期から大正期にかけて，富裕層では洋風の生活様式が導入され，洋館が建てられた。現存するこの時代の建物は少なくなっているが，鹿鳴館の設計者として有名なジョサイア・コンドルは，東京の旧古河邸や旧岩﨑邸などの作品が残っている。

（3）住居の機能

　イギリスの昔話『三匹の子ぶた』の物語にみられるように，安全であることが住居の第一要件である。

　外敵のほかに，風雨，地震，暑熱・寒冷から身を守る機能を備えていなくてはならない。ねぐらやシェルターとしての機能から，次第に，生産の場や集う場所としての機能をもつようになり，現代では，家族の生活の場や文化を伝える場としての機能が重視されるようになっている（図表8-6）。住居には，衛生的であること，合理的であること，利便性，快適性が求められる。住居に対するニーズ（住要求）は，それぞれの家族のもつ住居観，住意識により異なる。

図表8-7　起居様式

	ユカ座	イス座
長所	・転用しやすく，部屋の用途が広がる ・ほこりがとりやすい ・家具が不要である ・畳の場合，保温性・防音性がよい ・畳は弾力性があり，疲労が少ない	・休息しやすい ・休息姿勢から立位への移行がしやすい ・就寝時の呼吸面が高いので，衛生的である
短所	・起居が不活発になりやすい ・畳の維持管理が必要である ・休息時の呼吸面が床に近く，不衛生である	・家具が必要なため，空間を多く必要とする ・空間の用途が固定されやすい ・暖房が不十分な場合，足下が冷えやすい ・ベッドやイスなどから転落するおそれがある

（4）家族の生活と住居

　居住者が快適に住まうためのさまざまな住要求の背景にあるのは，住意識であるが，住意識は住まい方という現象としてはじめて現れるものであり，変化していくものである[1]。

【起居様式】

　明治期以降，住空間が洋風化している。住居内での立ち居ふるまいに関する起居様式には，イス座式とユカ座式がある（図表8-7）。現在はイス座式が増加しているが，和室にベッドを入れる，ソファとテーブルのあるリビングに冬場はこたつを置くなどの折衷型も多くある。

【家族と住空間】

　先述した古い農家にみられるような田の字型の間取りは，生産と食事，就寝の場が近くて便利であるが，衛生的な問題があるといわれる。明治期の生活改善運動を受けて，日本の住宅も公私室分離など，目的別に空間をとらえる考え方が取り入れられる下地はあったが，多くの家庭では，食事室と就寝室を分離する食寝分離がされていなかった。戦後に食寝分離と，親子の就寝室を分ける就寝分離の考え方が広まる。食寝分離の考え方を導入して考案されたものが，1950年代の公団住宅にみられる食事室を広くとる間取りである。異性のきょうだいの就寝分離（性別就寝）も進められた。

　公私室型の住宅とは，家族内でも食事や団らんをする公的な空間と，おもに就寝を目的とした私的な空間とを区分した住空間の構成をいう。さらに，

家族と公的な接点として，接客のスペースも考慮に入れた公共私という空間の考え方も提案されている。

　子どもが成長して大人になり，いずれ高齢者といわれるようになるのはいつの時代も変わらない。家族の人数や年齢が変化した場合に，間取りを変更することは容易ではないが，既存の住宅の中で生活の仕方を工夫することで対応が可能である。借家住まいが多かった時代と異なり，持ち家意識の強い現代では，いっそう工夫する力が必要になっているといえる。高齢者にとっては，住み慣れてコミュニティがつくられ，幅広い年齢層の住民が存在するなかで居住することが望ましい。家族が小規模化しており，生活様式も多様化している現在，夫婦と未婚の子ども2人を想定した住宅プランでは対応できず，家族の状況が変化しても住み続けられる住宅が求められている。

【子ども部屋の役割】

　家族の関係が住居の影響を受けることもあるとされるが，どの程度の影響を受けるものだろうか。乳児期から親との就寝分離を促される文化圏に対し，日本では子どもが単独で就寝する習慣がなく，子ども室を独立させる考えがもともとは少ない。日本では大正時代に「子供室」「児童室」という名称の空間が設計図に現れる。子ども本位の住居という思想も語られるようになったという。しかし，多くの家庭では住宅は狭小で，子ども部屋も西洋文化への憧れとして語られる傾向があり，現実に子どものための部屋が普及するのは，戦後数十年してからである。そして，1970年代から子ども部屋批判が始まり，1980年代には，子ども部屋で行われていることに保護者の目が届かないとして，独立した子ども部屋は非行の温床とまでいわれるようになる。

　しかし，1989（平成元）年以降の調査[2]によれば，70%程度の家庭になんらかのかたちで子ども部屋がある。近年，1人になれる時間や空間は，子どもの自立を促すものであり，子ども部屋には勉強部屋として以上の役割があるといわれている[3]。大人も子どもも，くつろいだり，自分をとりもどしたりする場所が必要といわれ，個人のプライバシーを確保できる空間は重要と考える人も増えている。どのような家族のあり方を望むのかにもよるが，年齢に応じた子ども部屋の与え方を考える必要がある。

　自立を促すとされる子ども部屋であるが，掃除を自主的に行う子どもは少

なく，15年ほど前の調査では，中学3年生でも保護者が関わっている家庭が6割程度であったという[4]。これは，2011年の別の調査[5]でも傾向が変わっておらず，調査によっては，自分で掃除をする中学生は2割程度[6]という結果になっている。

2　快適な住空間をつくる

　快適に住まうためにはどのようにしたらよいだろうか。建築基準法（1950（昭和25）年），都市計画法（1968（昭和43）年）などにより，建物の構造やまちづくりについて法律で定められている。さらに，国民の住生活の向上を図るために，日本国憲法第25条「生存権，国の社会的使命」，(1)「すべて国民は，健康で文化的な最低限度の生活を営む権利を有する」，(2)「国は，すべての生活部面について，社会福祉，社会保障及び公衆衛生の向上及び増進に努めなければならない」に基づいて2006（平成18）年に「住生活基本法」が制定された。その具体的計画を示したものが「住生活基本計画」である。

(1) 住居を長持ちさせる暮らし
　輸入住宅や素材にこだわった住宅など，建築方法も多様になっているが，日本の一般的な家屋の構造は，木の柱を立て，壁で空間を区切る木造軸組構造と呼ばれるものである。

　日本の家屋が取り壊されるまでの平均年数は30年といわれ，アメリカの55年，イギリスの77年と比較すると短期間で建て替えられる傾向があった。国土交通省は2011（平成23）年版までの「住生活基本計画」において，「これまでの『住宅を作っては壊す』社会から，『いいものを作って，きちんと手入れして，長く大切に使う』社会へと移行することが重要である」としている。実際の住宅は手入れをしながら長期間にわたって居住が可能である。古い農家には築100年以上の木造住宅がある。木造の住宅は，保温性や気密性に問題があり住みにくい，耐火性に難点がある，といわれるが，加工がしやすく比較的強度が強い。本来は長持ちするものである。

　また，住宅金融支援機構（旧住宅金融公庫）の示す「住宅工事仕様書」に示さ

れた施工方法に従うことにより，性能のよい住宅を作ることができる。家族構成が変わっても住み続けられる家を作る，あるいは住宅を壊さずに住み替えのしやすい仕組みをつくるなど，住生活においても持続可能な社会を構築することが目指されている。

1956年に建てられた東京都の公団住宅（和室3室と独立したキッチンをもつ3K）のマンションは，51年後の調査で，大きなリフォームをせずに住み続けている居住者が多いことが明らかとなっている。これは，部屋の用途を限定せず，住み手が工夫してきた結果であり，かつまた，住みながらリフォームすることは困難であることを示している[7, 8]。また，近年，空き家も問題になっているが，空き家や空室の多くなった団地を利用して，地域の活性化につなげる事業が各地で行われている。

(2) 住空間の構成

【インテリアとエクステリア】

インテリア（interior）とは内部のことをいい，室内の装飾や部屋のあり方を総称する。「室礼（設い）」とも近い意味がある。家具，調度，色，照明など，トータルで暮らし方を考える。エクステリア（exterior）は外部という意味であり，敷地内の建物の壁面，門扉，植栽など庭も含まれる。また，エクステリアとはいえないが，日本では，昔から，外部の風景を取り入れた借景という文化がある。マンションの広告でも，風景や眺望のよさをアピールしているものが多い。このように景観や街並みを意識した住まい方も注目されているなか，庭園など借景された側からみた場合に，マンションが美しく映える光景が少なく，環境との調和の点で今後の課題である。

【間取りの考え方】

住まい方とは，家族のあり方や生活様式，家族構成などを総合して意識されるものである。どのような住まい方をしたいかという住要求をもとに，間取りプランを考える。

生活する居住者の動きの軌跡を動線という。動線が複雑になると，居住者同士がぶつかったり，作業に手間がかかったりなど快適性に支障が生じる。「動線は短く，関連する空間と的確に連結し，異質な性格の動線と交錯しな

143

図表8-8　住宅の平面図

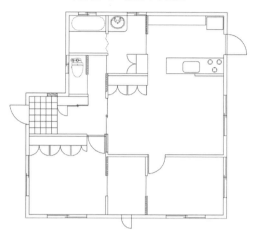

い方がよい[9]」とされている。図表8-8は，動線が交わらないよう回遊式動線を意識した例である。

　住空間の構成は，nLDKで示されることが多い。 nは居室の数を，Lはリビングを，Dはダイニング，Kは台所を表す。動線と各室のつながりを考えながら，これらの配置を決めていく。このnLDKを基本とする間取りの考え方は多くの住宅で採用されているが，部屋の使い方を固定化し，多様な家族のあり方に対応できないとして一部では批判もあり，可変が容易な空間構成も提案されている[10]。今後の議論が注目される。

【平面図の見方】

　平面図で間取りを示すには，JIS規格（JIS A 0150）の平面表示記号を使用し，一般的には，1/100か1/200に縮尺した図面で表す。平面図のみでは，窓などの上下の位置関係がわからないため，住宅を設計する際には立面図が必要になる。あるいは，矩計図（かなばかりず）とよばれる断面を詳細に示す図面も用いられる。窓の大きさや，階段の高さなどは，建築基準法により細かく定められている。これらの製図には技術が必要であるが，エスキスとよばれるスケッチ程度での図面であれば，フリーハンドで手軽に作成できる。

図表8-9　住宅の広さの国際比較[11]

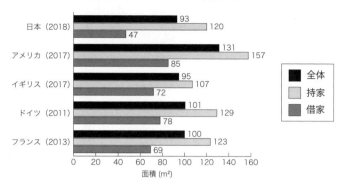

(3) 日本の住宅事情

【住宅の質を示す指標】

　かつて欧米の人々からウサギ小屋と揶揄された日本の住宅は，太平洋戦争後の深刻な住宅不足の時期には，バラックと呼ばれる小屋のような住宅も少なくなかった。現在の状況を欧米先進国と比較してみると（図表8-9），日本では借家の面積が小さいことが特徴である。

　住居が備えるべき機能について「住生活基本計画」では，住宅性能水準（居住室の構成・設備，耐震性，採光，省エネルギー，外観等），居住環境水準（災害に対する安全性，日常生活の安全性，緑，景観，コミュニティ，環境負荷への配慮，生活サービスへのアクセス等），居住面積水準の3点についてそれぞれ指標を示している。居住面積水準とは，健康で文化的な住生活の基礎として必要不可欠な面積（例：4人世帯で50平方メートルなど）を示しており，これは最低限必要とされる住宅の面積である。そこから豊かな住生活の実現を前提とした水準まで引き上げることが目指され，誘導居住面積水準（例：4人世帯の場合，都市95平方メートル，郊外・都市以外125平方メートルなど）が示されている[12]。

【住居費】

　住居費は収入の15%程度までにおさまるとよいとされるが，住居費は家計を圧迫している。持ち家志向の強い日本では，40歳代で住宅を購入する傾向

があるが，ローンが返済できずに数年で手放すケースもある。また，可処分所得に占める家賃は，単身世帯で負担が大きくなっている。良質で入手しやすい価格の住宅の供給が求められている。

確認問題

1　住まいを持たない生物がいるか調べよう。
2　p.144の平面図に家具を書き入れ，動線を考えよう。
3　15年後の自分が住みたい家の図面を書こう。

注・引用文献・より深く学習するための参考文献
1)　吉武泰水・大坪昭・北沢勲・鈴木成文「小住居に於ける生活空間の構成について」『日本建築學會研究報告(8)』1950年10月，pp.290-293
2)　厚生労働省「全国家庭児童調査 平成11年度」1999年
3)　北浦かほる『住まいの絵本にみる子ども部屋——自律をうながす空間の使い方』井上書院，2014年
4)　曲田清維「子ども部屋の研究——子ども部屋の所有実態と生活自立」『愛媛大学教育学部紀要』第1部「教育科学」34号，1988年，pp.111-131
5)　近藤雅之・中村孝之・片山勢津子「アンケート調査を用いた子どもの生活力実態把握——住まいにおける子どもの生活力に関する研究　その2」『日本建築学会大会学術講梗概集』51号，2011年，p.267
6)　東京ガス都市生活研究所「子どもに聞いた　自分の部屋と家族に対する意識」『都市生活レポート』2014年
7)　竹内宏俊・前田修吾・岩岡竜夫「東京都住宅協会による3K型マンションに見るリフォーム事例——集合住宅における持続可能な住環境形成のための計画手法に関する研究　その1」『日本建築学会大会学術講梗概集』E-2，2008年，p.77
8)　前田修吾・竹内宏俊・岩岡竜夫，前掲論文，p.79
9)　小澤紀美子編『豊かな住生活を考える——住居学』彰国社，1987年
10)　須田大志・横山俊祐・德尾野徹「子育てをふまえた集合住宅の事例に関する平面計画的検討——脱nLDK型住戸計画の有意性」『日本建築学会大会学術講梗概集』E-2，2009年，p.23
11)　国土交通省『令和2年度 住宅経済関連データ』2020，https://www.mlit.go.jp/statistics/details/t-jutaku-2_tk_000002.html
12)　都市の郊外および都市部以外の一般地域における戸建住宅居住を想定した一般型誘導居住面積水準と，都市の中心およびその周辺における共同住宅居住を想定した都市居住型誘導居住面積水準とがある。

第9章

快適な住まい方の工夫

住まいは家族にとって心身を休息させ，寒暑や風雨などから身を守る大切な空間である。安全な住まい，衛生的な住まい，整理・整頓された住まいは快適であり，そして環境と共生した住まい方は，健康にも地球環境にもよい。

この章では，採光や通風，清掃など快適に住まうための工夫，自然災害などに備え安全に住まうための対策，自然や地域と共生した住まい方など，快適な住まい方について住居内外の視点から学ぶ。

キーワード

快適　衛生　安全　バリアフリー　環境

1　室内の環境

（1）快適な住まい

快適な住まいとは，どのような住まいだろうか。それは，住む人にとって安全であり，心身ともに健康に過ごすことができ，安らげる場所であることである。

【安全な住まい】

構造面においては風雨や寒暑から身を守るとともに地震にも耐えられる丈夫さをそなえている必要がある。また，室内においては，転倒などの事故を

防止するために段差をなくしたり，整理・整頓されている必要がある。

【衛生的・健康的な住まい】

　四季のある日本においては，寒暑に対処し，室内の温度や湿度，空気の流れを適切に調節して快適さを保つ必要がある。また，勉強や団らんなど日常生活における活動に適した明るさを確保するための採光や照明も必要である。さらに適切に清掃を行い，衛生的で清潔感がある住まいであることも大切である。住まいの衛生を保つことは，健康を保持するためにも必要である。

【精神的に充足できる住まい】

　精神的にくつろぎ，休養するためには，家族構成に合わせた適切な広さが必要である。また，室内の色調や家具，インテリア，照明などが好みに合っていることも心を満たす要素となる。

　WHOでは，「快適で健康的な居住環境」の概念を「住居が構造的に心地よく，事故による危険性がなく，そこに住む人々が当たり前の住生活を送ることができる十分な空間が保証されている環境である。（中略）さらに，健康的な居住環境には，健康的で快適な温湿度条件と安全で適切な人工照明の提供，ひどい騒音がないこと，有毒，有害な化学物質や汚染菌がないこと，衛生害虫や不潔な動物から隔離されていることが必要である。そしてこのような居住環境は，人々の快適で健全な関係，教育的配慮，文化的要求などを継続的に支援できるものである」（WHO・Healthy Housing改編）[1] としている。

　住まいの快適さは，客観的な基準を設けて判断できるものではなく，住まう人の主観により差があるが，快適に住まうための基本的な知識や方法について理解し，好ましい住まい方を工夫したい。

(2) 寒暖に対する温度・湿度の調節

　身体の健康を保持するためには，寒暑に対処し，屋内の温湿度を適切に調節する必要がある。私たちが快適と感じる室内環境は，居間の場合，夏季は室温25～28℃，湿度50～60％，冬季は室温19～22℃，湿度40～50％である[2]。この快適環境の範囲を外れ，室温が高くなると体温が上昇して身体の機能を調節できなくなる。逆に低すぎると血管が収縮し，寒さによる震えの症状などがあらわれる。寒暖の調節には，まず日照や通風など自然の力を効

図表9-1　季節による日射の違い

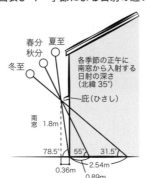

出所）藤井正一『住居環境学入門　第三版』彰国社，2002年，p.94

図表9-2　風の通り方

出所）藤井正一『住居環境学入門　第三版』彰国社，2002年，p.94

果的に活用したい。

【日照の利用】

　図表9-1に示すように，季節により太陽の高度が異なることから，屋内への日射の入り方も大きく異なる。夏の暑さをしのぐには，軒やひさしを利用し室内への入射を防ぐとともに風通しをよくする。冬の寒さをしのぐには，日射が十分に室内に入るようにして日差しの暖かさを部屋に取り込むとともに，カーテンなどを利用して取り込んだ熱を逃がさない工夫も必要である。また，家の南側に高い落葉樹があると，夏は日射を防ぎ，冬は室内に日射を取り込むことができる。

【通風の利用】

　通風は，夏季に涼しく住まうために行うことが主な目的だが，窓の位置や

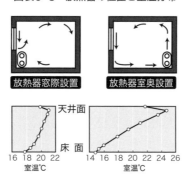

図表9-3 放熱器の位置と室温分布

放熱器窓際設置 　放熱器室奥設置

出所）後藤久監修『最新住居学入門』実教出版，2004年，p.37（元図は梅干野晁
『住まいの環境学』放送大学教育振興会，1995年による）

開口部の大きさや風速などによる影響を受ける。図表9-2に示すように風の
入口と出口の高さや広さなどにより風の通り方が異なる。夏季の風向き側（主
に南側）の開口部を広くし，反対側に通気口である出口も上下につくると風の
流れがよくなる。さらに出口は狭い方が風の流れが速くなり，涼しさが増す。
風の流れを考えた家具の配置や間取りで涼しい住まい方を工夫したい。

【冷暖房機器の利用】

　建物の構造の気密化や近年の真夏日の増加などにより，採光や通風の効果
的な活用だけでは健康を維持することが難しい状況がある。そのような場合
は，冷暖房機器の活用が必要である。

　冷暖房機器は設置場所により室内の温度や風の流れが異なる。冬季の対流
式暖房機器を利用する場合は，窓の近くに置くと，窓近くの冷たい空気が暖
房の温かい空気により上部に押し上げられ，床面付近の温度も低くならず，
効果的に部屋を温めることができる（図表9-3）。冷暖房機器は吹き出し口の位
置や風向により同じ室内でも温度差が出るが，サーキュレーターなどを上部
に向けて空気を対流させると，冬は上部にたまった暖かい空気が，夏は下部
にたまった冷気が部屋全体に分散され，高さによる温度差が小さくなり，足
元の冷えなどが軽減される。温度だけでなく湿度も適切にすれば，快適さが
増す。エネルギーを無駄なく効率よく使えるよう，設定温度や設置場所など
を工夫して活用したい。

（3）採光と照明

　室内において勉強や家事などの活動をする際には適切な明るさが必要である。居室内の生活行為に必要な照度はJISにより定められており（図表9-4），単位はルクス（ℓx：光を受ける面の単位面積あたりの明るさ）が用いられている。各居室，生活行為などに必要な室内の明るさは，昼間は採光により，夜間や採光が不十分なときには照明により確保する。

【採光】

　採光とは日光の照射による光を取り入れることである。建築基準法（第28条）では，住宅の居室には採光のために床面積の1/7以上の面積の窓を設置するよう定められている。日射は時間や季節により入り方が異なる（図表9-1参照）が，室内への日照時間は通常4時間を標準とし，日照時間の短い冬場でも2時間は必要とされている。採光による室内の明るさは，窓の大きさや向き，天候や時間帯等に影響を受けるが，窓の前の樹木や近隣の建物の高さなどにも影響を受ける。

【照明】

　自然採光だけで活動ができれば照明は不要だが，採光は天候や季節，時間，窓の向きなどによる影響を受け，常に一定の光を受けることはできない。一方，人工照明は常に一定の光を供給できる。夜間や自然採光だけでは対処できない場合は，照明で明るさを補うこととなる。

　照明は光源から照らす先に光が直接届く直接照明，光源からの光が天井や壁に当たり反射して空間を照らす間接照明がある（図表9-5参照）。光源の明るさが同じでも照明の器具により照度は異なる。

　照明に使用されるランプの種類は，蛍光灯，白熱灯，LED（Light Emitting Diode：発光ダイオード）がある。各照明の特徴を図表9-6に示す。LEDは，ほぼ同じ明るさの光源でも一般電球と比べ消費電力は約1/5と少なく，寿命も長い。従来の照明では，ダイニングは暖かみがあり，くつろぎ感がある電球色，勉強部屋は明るくすっきりとした昼白色など，各居室の主な活動に応じて照明を選択していたが，LEDのシーリングライトは，光の色や明るさの設定が可能なので，たとえば夏や1日のスタートである朝は爽やかさが感じられる昼光色，寒い冬やゆっくりくつろぎたい夜は暖かく落ち着いた電球色に

図表9-4　住まいの照度基準

照度[lx]	1	2	5	10	20	30	50	75	100	150	200	300	500	750	1000	1500	Ra値
居間							全般照明			団らん 娯楽		読書					80以上
子ども室 勉強室								全般照明		遊び			勉強 読書				80以上
座敷(和室)								全般照明		座卓 床の間							80以上
食堂							全般照明				食卓						80以上
台所								全般照明			流し台						80以上
寝室		深夜			全般照明								読書 化粧				80以上
浴室 洗面所								全般照明		ひげそり 化粧		洗面					80以上
トイレ								全般照明									80以上
階段・廊下		深夜					全般照明										80以上
玄関(内側)								全般照明		靴脱ぎ 飾り棚		鏡					80以上
門・玄関(外側)			通路	表札・門標	新聞受け	押しボタン											−

出所）「JIS照明基準総則」Z9110-2011 より作成

図表9-5　照明器具と種類

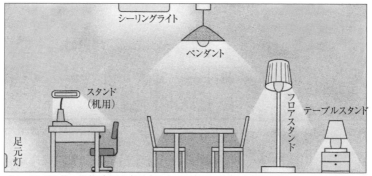

▲シーリングライト：天井面にじか付けする / ペンダント：天井から吊り下げる / フロアスタンド：アクセント照明として有効 / スタンド：卓上にて視対象を照らす / 足元灯（フットライト）：床面近くの壁面に取り付ける

出所）池﨑喜美惠編『小学校指導法　家庭』玉川大学出版部，2011年，p.146

図表9-6　主なランプの種類と特性

ランプの種類	蛍光灯	白熱灯	LED
色合いと効果	昼白色，電球色	黄色味を帯び，落ち着いた雰囲気	昼白色と電球色
寿命	6,000〜20,000時間	1,000〜3,000時間	40,000時間
質感	全体が均一に明るく，フラットに見える	陰影ができ，物の立体感や艶が強調される	陰影ができ，物の立体感や艶が強調される
電気代	経済的（安い）	非経済的（高い）	経済的（安い）
発熱量	少ない	多い	少ない
操作性	長時間点灯向き	短時間点灯向き（頻繁な点灯・消滅に適している）	長時間点灯向き

出所）パナソニックwebサイト http://sumai.panasonic.jp/lighting/akarisusume/adviser/kisochishiki.html より作成

するなど，同じ空間でも季節や時間帯により雰囲気を変えることができる。また，LEDの光は，熱や紫外線をほとんど含まないため，絵画などを照らしても色あせしにくく，蛍光灯より虫が集まりにくいなどの特徴もある[3]。それぞれの照明の特徴を理解し，目的や用途に合わせて選択するとよい。

（4）音

　生活を取り巻く音には，快適な音と不快な音がある。快適な音には，季節の虫の声や涼しさを感じさせる風鈴の音などがある。快適な音は，心を落ち着かせたり和ませたりする。一方，不快な音には，工事の音や生活騒音などがある。生活騒音の発生源は，掃除機などの電気機器，ドアの開閉音などの住宅設備，テレビなどの音響機器，ペットの鳴き声や楽器の音など多岐にわたる。同じ音でも騒音と感じるか否かは人により異なる。音の大きさはdB（デシベル）という単位で表され，環境基本法に基づく騒音に係る環境基準[4]があるが，生活騒音に対する法規制はない。騒音はストレスや睡眠の妨害など心身の健康に影響を及ぼす。騒音測定の実験などを通じて，生活で発生する音に配慮できるよう指導したい。

図表9-7　汚れの種類と清掃方法

汚れの種類	清掃方法	掃除用具
浮遊している埃 （半永久的に空気中に浮いている。10μ以下）	吸引，清掃	空気清浄機
軽く載っている埃 （綿埃，砂埃，食品カス，糸くず，髪の毛など）	はたく，拭く，吸引	はたき，箒，モップ，雑巾，掃除機
表面に付着した汚れ （手あか，油汚れ，泥汚れ，タバコのヤニなど）	拭きとる，こする，掻きとる	雑巾，スポンジ，住まい用洗剤
しみ込んだひどい汚れ （焦げ付き，尿石汚れ，水あか，かび，さびなど）	つけ置き，こすり落とす	専用洗剤，洗浄剤，漂白剤，クレンザー

出所）『新家庭基礎043　授業ガイダンス』第Ⅲ巻，実教出版，p.33

(5) 換 気

　換気は，室内の汚れた空気を入れ換えることを目的として行うが，窓の開閉を利用した自然換気と換気扇を利用した機械換気がある。いずれも室内の湿気を逃がす，室温が高いときに温度を下げる，調理時の煙の排出やストーブ使用時など，室内にたまった熱や汚染した空気を排出させる場合などに行う。

　また，冬季は室内外の温度差が大きく，室内の水蒸気を含んだ暖かい空気が，冷たい外気との境となる窓に触れ，結露が起こりやすくなる。近年，住居の気密性が高まり，とくに冬季は，暖房だけでなく，室内干しや調理などで発生した蒸気も加わり結露が発生しやすくなっている。結露はカビ，ダニの発生の原因になり，健康にも影響を及ぼす。結露防止のためには，換気や通風のほか除湿も有効である。

(6) 住まいの管理

【日常の清掃】

　室内環境を清潔に保つことは，居住する家族の健康を保持・増進するだけでなく，家全体を長持ちさせることにもつながる。毎日掃除をしている場所

図表9-8　収納棚の機能寸法と使用頻度による収納

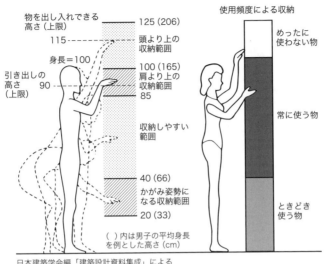

物を出し入れできる高さ（上限）125 (206)
115
頭より上の収納範囲
身長＝100
引き出しの高さ（上限）90
100 (165)
肩より上の収納範囲
85
収納しやすい範囲
40 (66)
かがみ姿勢になる収納範囲
20 (33)
（　）内は男子の平均身長を例とした高さ (cm)

使用頻度による収納
めったに使わない物
常に使う物
ときどき使う物

日本建築学会編「建築設計資料集成」による

出所）後藤久監修『最新住居学入門』実教出版，2004年，p.117より転載

の汚れはたまらないが，長い時間放置しておくと塵やほこりがたまり，時間が経つほど汚れは落ちにくくなる。また，浴室に発生しやすいカビ，布団や畳のダニなどは健康を害する原因ともなる。住まいの衛生や健康を維持するためにも日常の清掃は大切であり，計画的，定期的に行う必要がある。清掃方法は，玄関や居間，洗面所，浴室，台所など場所により汚れの種類や清掃方法も異なるため，その場所に応じた手入れの方法や用具が必要となる。

　汚れの種類に応じた清掃方法を図表9-7に示す。住まいの清掃には目的や用途別にさまざまな洗剤を使用するが，洗剤類については使用方法や取り扱い方法をよく理解し，必ず指定された方法で使用する。使用量については，汚れの度合いを見て，場合によっては指示された量よりも控え目に使用して様子をみるなど，洗剤類を使いすぎない，洗剤類に頼りすぎない工夫も必要である。

【室内の衛生管理（ごみ処理について）】

　家庭から発生する廃棄物は1人1日あたり918グラム（2019年度，環境省）で

図表9-9　地震対策の例

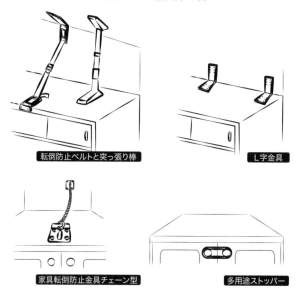

転倒防止ベルトと突っ張り棒

L字金具

家具転倒防止金具チェーン型

多用途ストッパー

ある[5]。家庭系可燃ごみの内訳（2020年度，千葉市[6]）では，生ごみが28.6%を占めている。この生ごみは，野菜の皮や魚の骨などの廃棄部分のみならず賞味期限切れの食品や食べ残しも含まれている。家庭から排出される食品廃棄物は国内全体で年間2531万トンにもなる。そのうち食品ロスの量は約600万トン（うち事業系324万トン，家庭系276万トン）にもなる。家庭から排出する生ごみ類の削減は，家庭系ごみの削減にもつながる[7]。

　ごみ処理については，自治体により分別の方法が異なるが，循環型社会の形成に向け，地域のルールに従って分別，リサイクルを積極的に行うほか，ごみになるものを買わない，最後まで大切に使う，食品は計画的に購入し食べ切るなど，5R（p.205参照）を心がけ，廃棄物を削減する工夫をしたい。

【整理・整頓と収納】

　気持ちよく住まうには，整理・整頓や収納を適切に行うことも大切である。よい収納とは，使いたい物がどこにあるかがすぐにわかり，取り出しやすく，しまいやすいことである。そのためには，「使う場所」「使う人」「使用目的や頻度」「大きさや形」などに分けて収納するとよい。そのほか，使用頻度につ

いても「毎日使用するもの」「月に１度程度のもの」「季節によるもの」などに分けて収納することもできる。食器類や衣類など，日常的に使用するものは取り出しやすい高さに収納するなど，頻度や大きさに応じて適切な収納をするとよい。また，正月用品やスキー用品など限定された時期に使用するものは，収納場所を分散させず，１カ所に収納場所を決めておくと，出し入れもしやすい（図表9-8参照）。

　家族構成や年齢などにより所有する物の量や内容は変化する。しかし，収納スペースは拡張や縮小が難しい。家族構成や生活の状況に合わせ適切にものを整理し収納方法を工夫することも必要である。

（7）室内の安全

【家庭内の事故原因と対策】

　家庭内の事故による死因原因は，転倒・転落が17.3％，不慮の溺死・溺水が41.1％と，この２つの原因で半数以上を占めている[8]。年代別では，家庭内事故は４歳までの乳幼児と高齢者に多くみられる。転倒防止のためには，室内の段差をなくす，床面は整理整頓をしておく，マットなどには滑り止めをつけるなどの対策が考えられる。また，転落防止には階段に手すりをつける，ベランダの手すりの高さを110センチメートル以上にするなどの方法がある。浴室での溺死・溺水については，その多くが高齢者であることから滑るなどの事故以外に温度の低い浴室と高い湯温による血圧の急変などによる意識障害が原因となる割合も高い。住宅内の事故が起きやすい場所や防止例を参考に家族の年齢や状況に合わせて適切な事故防止策を図り，安全に暮らすようにしたい。

【自然災害への備え】

　地震や風水害などの自然災害による被害を防ぐためには，建物の耐震構造などの対策も必要だが，室内での被害を最小限にとどめる対策も必要である。家具や照明，家電品などの落下や転倒を防止するための対策は図表9-9のような方法がある。家具などの固定以外にも常に床面や廊下，階段などを整理整頓しておくこと，就寝中の安全空間の確保や非常灯の設置など，災害時に備えるとともに定期的に点検を行うことも大切である。

図表9-10　室内のバリアフリーの例

浴室（左）とトイレ（右）（パナソニック）

図表9-11　ユニバーサル・デザインの例

ソフトダウン収納（左）とホームエレベーター（右）（パナソニック）

【室内の化学物質】

　新築やリフォーム直後の壁紙や建材からの揮発性の化学物質，防虫剤や化粧品，芳香剤などの日用品に含まれる化学物質により引き起こされる不調をシックハウス症候群（第14章 p.226参照）という。シックハウス症候群の症状は，頭痛やのどの痛み，不眠症などさまざまであり，軽度の症状から生活に支障

図表9-12 環境共生型住宅の例

ソーラーパネルを設置した環境共生型住宅の例（パナソニック）

をきたす重い症状まで人により異なる[9]。

　シックハウス症候群が増えた背景には，住宅の気密性や断熱性が高まり，揮発した化学物質が室内に残留しやすいことも一因にある。

　私たちは消臭や防虫など便利な化学物質を用いて対処しがちだが，たとえば悪臭に対しては，「消臭」ではなく原因となる臭いの元を断つ，あるいは天然由来の消臭剤を使用するなど，化学物質に頼り過ぎない生活を心がけることが健康のためにも大切である。

（8）生活しやすい住まい

【バリアフリー】

　バリアフリーとは，ハンディキャップを負っている人の心的・物理的障がいを取り除き，健常者と同様に行動できるようにすることである。たとえば，車いすを利用する生活になった際には，廊下を広くする，部屋の境の段差をなくす，浴室やトイレなども十分なスペースを取り安全に動作できるようにすることが考えられる。事故が起こりやすい浴室においては，図表9-10に示すように，浴槽の高さを低くして入浴しやすくしたり，動作がしやすくなるよう手すりを複数箇所につけたりすることも有効である。トイレでは，両サイドにひじかけをセットすることで立ち上がるときの動作の負担が小さくなる。

図表9-13　生活圏と施設

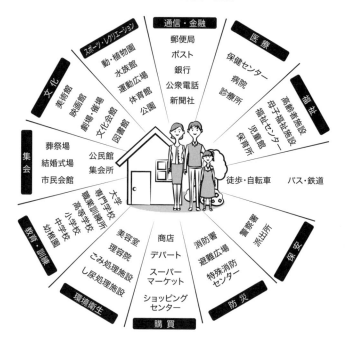

出所）香川芳子ほか『高等学校　家庭総合』第一学習社，p.190
国土交通省「コミュニティの重要性」ライフスタイル・生活専門委員会第8回資料
http://www.kokudokeikaku.go.jp/share/doc_pdf/1979.pdfなどから作成

【ユニバーサル・デザイン】

　ユニバーサル・デザインとは，障がいの有無にかかわらず，また，老若男女問わず誰にでも使いやすいデザインのことである。その原則は「①公平な利用（誰にでも利用でき購入できるなど）②利用における柔軟性（利き手などによる利用の差がない，使用方法が選択できるなど）③単純で直観的な利用（利用者の経験や知識に依存せず直感で利用できる）④わかりやすい情報（必要な情報が効果的に伝わるデザイン）⑤間違いに対する寛大さ（危険性がある要素は取り除くなど）⑥身体的負担は少なく（能率的で快適であり，疲れないようデザインする）⑦接近や利用に際する大きさと広さ（利用者の身体の大きさや姿勢にかかわらず作業できる適切な大きさと広さを提供する）」である[10]。

　バリアフリーとユニバーサル・デザインは障がい者に使いやすいという点

では同義に捉えられるが，バリアフリーは障がいが起きてからバリアをなくすためのリフォームなどの対策に対し，ユニバーサル・デザインは，デザインの段階から障がい者にも健常者にも使いやすいように企画されている。図表9-11にユニバーサル・デザインの例を示す。高い位置の収納をダウン式にすることにより，台に上って作業する必要がなく安全に扱うことができる。室内エレベーターは，荷物の運搬など健常者にとっても便利である。

2　自然と共生した住まい方の工夫

（1）環境と共生した住まい方

　私たちは利便性を追求した住まい方を進展させてきたが，資源やエネルギーには限りがあることから，これからはこれ以上自然や環境に負荷をかけず，環境と共生した住まい方を推進していく必要がある。そのような住まい方に環境共生型住宅（第13章p.215参照）がある。環境共生型住宅は，「地球環境を保全する観点から，エネルギー・資源・廃棄物などの面で充分な配慮がなされ，また周辺の自然環境と親密に美しく調和し，住み手が主体的に関わりながら，健康で快適に生活できるよう工夫された，環境と共生するライフスタイルを実践できる住宅，およびその地域環境」と定義されている[11]。環境共生型住宅は，自然エネルギーの利用や屋上緑化などを進め，省資源・省エネルギーを推進し，環境に負荷の少ない暮らし方をする住まい方である。国も補助金などで環境に負荷の少ない暮らしを支援している。図表9-12の住宅は，屋根全体をパネルにし，南方向に設置することで日射を有効に活用するとともに軒先を長くしたり，開口部を広くとるなど太陽光，通風，採光などの視点から家全体を省エネ住宅にしている。自然エネルギー活用は，地球温暖化の最大の原因である二酸化炭素の排出量の抑制にもつながる。

（2）ひとにやさしい街づくり

　快適に暮らすには，家の中だけでなく周辺の住環境も含めて考えることが大切である。買い物や通勤・通学などの利便性，図書館や病院などの施設，防犯や災害時の対策が行き届いているか，騒音や振動などの公害はないかな

ど図表9-13に示すように住居を含めた生活圏の環境についても関心を持つことが重要である。また，私たちは地域の一員として地域住民との連携を図り安心して暮らすことができるようひとにも環境にもやさしい街づくりに向け，協力し合うことも大切である。

確認問題

1　快適な住まいの条件をあげ，自分の住まいを振り返り課題を考えよう。

2　室内および生活圏のバリアフリーの現状について考察しよう。

3　家庭内の洗剤の種類や使い方を調べよう。

4　室内の整理・整頓について，どのような課題があるだろうか。改善の方法についても考えよう。

引用文献・より深く学習するための参考文献

1) 厚生労働省「快適で健康的な住宅に関する検討会議報告書について」（平成10年8月5日発表）より（WHO・Healthy Housing改編）抜粋http://www1.mhlw.go.jp/shingi/s9808/s0805-1.html

2) 後藤久監修『最新住居学入門』実教出版，2004年

3) 「あかりの日委員会」編『住まいの照明　省エネBOOK　2013年度版　わが家の照明改造計画』一般社団法人照明学会

4) 環境省「騒音に係る環境基準について」https://www.env.go.jp/kijun/oto1-1.html（2021年12月アクセス）

5) 環境省「一般廃棄物の排出および処理状況（令和元年度）について」（2021年3月30日発表）http://env.go.jp/press/109290-html（2021年8月アクセス）

6) 「可燃ごみ全体の組成分析結果（令和2年度）」（千葉市）https://www.city.chiba.jp/kankyo/junkan/haikibutsu/sosei-bunseki.html（2021年8月アクセス）

7) 農林水産省「食品廃棄物の利用状況等（平成30年度推計）〈概念図〉」https://www.maff.go.jp/j/shokusan/recycle/syoku_loss/attach/pdf/161227_4-179.pdf（2021年8月アクセス）

8) 厚生労働省「人口動態統計」より「家庭内における主な不慮の事故の種類別にみた年齢別死亡数・構成割合」（令和元年度）https://www.e-stat.go.jp/dbview?sid=0003411678

9) 吉川翠ほか「住まいQ&A室内汚染とアレルギー」，宮本みち子『家庭総合［家総303］』実教出版，2013年，p.195による

10) 独立行政法人国立特殊教育総合研究所「ユニバーサル・デザインの定義」松本廣（国立特殊教育総合研究所），小林巌（東北大学）訳　http://www.nise.go.jp/research/kogaku/hiro/uni_design/uni_design.html（2014年12月アクセス）

11) 一般社団法人　環境共生住宅推進協議会HP　http://www.kkj.or.jp/contents/intro_sh/index.html

第 **10** 章

家庭経済

　消費生活における家計の管理は大切な仕事である。家庭の経済を健全な状態に維持するためには，計画性が問われる。さらに，生涯のうちには予期せぬリスクがあり，多額の損失や費用がかかることがある。そのためにも，一家の経済を管理することが必要であり，現在の金銭管理の状態を見直す必要がある。1では国民経済と家計との関連や家計における収支について，2では生活における生活設計やリスク管理の重要性について解説する。

キーワード

　家計　収入と支出　生活設計　リスク管理　ライフサイクル　生活保障

1　家庭の経済のしくみ

（1）国民経済と家計

　国民経済は政府，企業，家計から構成されている。図表10-1に示すように，政府は，企業からものやサービスの購入に対する支払いや，家計に対し公務員の給料を支払ったり，社会保障などを施している。一方，企業は，世帯から労働力を雇い賃金を支払っている。家庭ではこれを収入源として，生活に必要なものやサービスを購入したり一部を貯蓄する。これは金融機関を通して企業への投資にまわされる。このように，世帯の経済活動（家計）は労働力

163

図表10-1　国民経済の循環

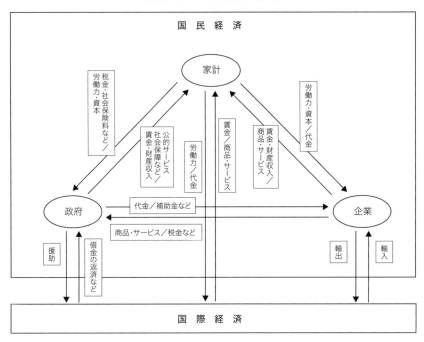

の消費→所得→購入→消費→労働力の再生産→再び労働力の消費→……という循環のなかにある[1]。しかし，今日の社会はさまざまな面で国際化が進み，外国との経済活動の影響が強くなり，海外市場との関係をいかに保つかが大きな課題でもある。外国貿易市場として，①生産財輸入市場，②消費財輸入市場，③生産財・消費財輸出市場が成立する[2]。①生産財輸入市場を通じて国内の企業は安価な生産財を外国から輸入する。このことは，国内の生産財企業が生産用役を減少させるので家計の所得の減少となり，ひいては国民経済の循環を縮小させることになる。また，②消費財輸入市場を通じて家計は国内消費財市場で入手できないか，あるいはより安価な消費財を外国から輸入する。国内企業の消費財生産は縮小され，国民経済が縮小される。つまり，輸入は国民所得の循環を縮小させるといえる。③生産財・消費財輸出市場を通じて，外国に生産物を輸出することにより，国内企業の生産性を高め，国民経済全体の循環を拡大させる作用をもたらす。このように，国民経済は政

図表10-2　収入の分類

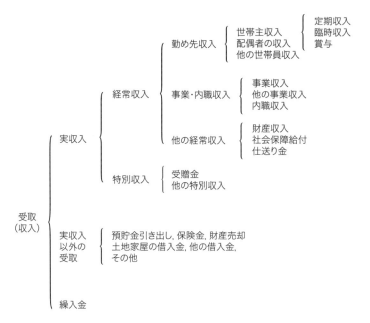

出所）総務省統計局「家計調査年報」による

府，企業，家計と外国との関わりのなかで循環している。政府は資源配分の適正化や経済の安定化，企業は利潤の最大化，家計は満足の最大化を果たすためにそれぞれの活動を行っている。なおかつ，政府，企業，家計は相互に依存し合い，相互に作用しながら国民経済の向上を図っている。とくに，物価は家計に影響を及ぼすものである。基準とする年の物価を100として，それに対して比較する年の物価がどのくらいになるか算出したものを物価指数という。生活するために購入する商品の物価水準を表すものに消費者物価指数がある。消費者物価指数が高くなると生活費は上がり，家計は苦しくなる。

（2）収入と支出

　図表10-2に示すように，家庭の収入は実収入と実収入以外の受取に大別される。定期的に入ってくる経常収入とその時だけの一時的な特別収入がある。経常収入には勤め先収入や事業・内職収入などがある。他の経常収入に

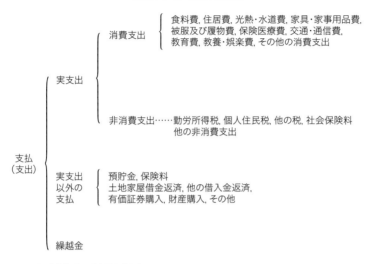

図表10-3　支出の分類

消費支出 ｛ 食料費, 住居費, 光熱・水道費, 家具・家事用品費, 被服及び履物費, 保険医療費, 交通・通信費, 教育費, 教養・娯楽費, その他の消費支出

実支出 ｛

非消費支出……勤労所得税, 個人住民税, 他の税, 社会保険料 他の非消費支出

支払（支出）

実支出以外の支払 ｛ 預貯金, 保険料 土地家屋借金返済, 他の借入金返済, 有価証券購入, 財産購入, その他

繰越金

出所）総務省統計局「家計調査年報」による

は社会保障としての年金や生活保護の給付金などがある。経常収入には入らない特別収入として，祝い金や賞金などがある。

　もう一つの収入である実収入以外の受取は，実質的には家庭の資産が増加せず，形の上だけの見せかけの収入で，預貯金の引き出しや固定資産の売却などがこれにあたる。

　私たちは稼得した収入を使って，家庭生活を営むために必要なものやサービスを購入・消費して日常生活を送っている。家庭の支出には図表10-3に示すように実際にお金を使ってしまう実支出と，支出があっても別の資産が増えるので損にならないうわべだけの支出である実支出以外の支払がある。

　実支出には，日常の生活費である消費支出と税金や社会保険料などの非消費支出がある。消費支出には，食料費，住居費，光熱・水道費，家具・家事用品費，被服および履物費，保健医療費，交通・通信費，教育費，教養・娯楽費，その他の消費支出などの10費目がある。それぞれの費目は，さらに細分化されている。

　もう一つの支出には，見せかけの支出である実支出以外の支払がある。預

図表10-4　2人以上の世帯の消費支出の構成（支出金額，構成比，実質増減率）

年	消費支出	食 料	住 居	光熱・水道	家具家事用品	被服及び履物	保健医療	交通・通信	教 育	教養娯楽	その他の消費支出
支 出 金 額（円）											
1980	230,568	66,923	10,682	13,225	9,875	18,163	5,865	18,416	8,325	19,620	59,474
90	311,174	78,956	14,814	17,147	12,396	22,967	8,866	29,469	14,471	30,122	81,966
2000	317,133	73,844	20,787	21,477	11,018	16,188	11,323	36,208	13,860	32,126	80,302
10	290,244	67,563	18,179	21,951	10,266	11,499	12,515	38,965	11,734	31,879	65,695
15	287,373	71,844	17,931	23,197	10,458	11,363	12,633	40,238	10,995	28,314	60,371
18	287,315	73,977	16,915	22,019	10,839	10,791	13,227	42,107	11,785	27,581	58,047
19	293,379	75,258	17,094	21,951	11,486	10,779	13,933	43,632	11,492	29,343	58,412
構 成 比（%）											
1980	100.0	29.0	4.6	5.7	4.3	7.9	2.5	8.0	3.6	8.5	25.8
90	100.0	25.4	4.8	5.5	4.0	7.4	2.8	9.5	4.7	9.7	26.3
2000	100.0	23.3	6.6	6.8	3.5	5.1	3.6	11.4	4.4	10.1	25.3
10	100.0	23.3	6.3	7.6	3.5	4.0	4.3	13.4	4.0	11.0	22.6
15	100.0	25.0	6.2	8.1	3.6	4.0	4.4	14.0	3.8	9.9	21.0
18	100.0	27.7	5.9	7.7	3.8	3.8	4.6	14.7	4.1	9.6	20.2
19	100.0	25.7	5.8	7.5	3.9	3.7	4.7	14.9	3.9	10.0	19.9

注) 2000年以前は、農林漁家世帯を除く。
資料) 総務省「家計調査」
出所) 日本統計協会『統計でみる日本2021』2021年，p.43より一部抜粋

貯金や保険料支払，借入金返済などである。たとえば，預貯金をした場合，現金は支出されるが，その一方で資産が増加するので，実支出とは異なり家計の純財産高は変化しない。

賃金などの実収入から，所得税や社会保険料などの非消費支出を差し引いた金額を可処分所得という。これが家庭で自由に使うことができる収入である。可処分所得から消費支出を引いた場合，マイナスであると赤字，プラスになると黒字になる。

(3) 消費支出

家計調査年報から二人以上の世帯の消費支出の変容を概観すると，図表10-4に示すように，食料費の消費支出に占める割合（エンゲル係数）が1980年29.0%から2000年には23.3%へ6ポイント近く低下したが，2019年には25.7

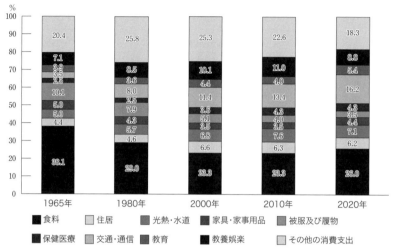

図表10-5　消費支出の内訳の推移

凡例:
- ■ 食料
- □ 住居
- ■ 光熱・水道
- ■ 家具・家事用品
- ■ 被服及び履物
- ■ 保健医療
- ■ 交通・通信
- ■ 教育
- ■ 教養娯楽
- □ その他の消費支出

出所）総務省『家計調査年報』をもとに作成

%と上昇している。これは，家計収入の減少に伴い家計消費支出が減少する一方，食料消費支出の落ち込みは相対的に小さいため，エンゲル係数が下げ止まっているのではないかと考えられる。また，1990年以降の携帯電話の急速な普及の影響もあって，交通・通信費の割合は1980年の8.0％から2000年には11.4％，2010年には13.4％，2019年には14.9％となり，急速に増加している。保健医療費は消費者の健康志向や高齢化の進展などから，1980年代以降支出割合は増加し，2019年4.7％を占め，教育費を上回っている。ここ数年，教育費は少子化の影響や2010年の公立高校の授業料無償化によって支出割合が低下している。被服及び履物費は縮小が続いており，2019年は3.7％で，1980年の7.9％と比べ，半減している。以前は，既製服は高価なものであったが，近年，安価でサイズも豊富なファストファッションが流行しているのも一要因と考えられる。

　さらに，経年変化を見ると，図表10-5に示すように，1965年当時は生活に必要な食料費や被服及び履物費などの割合が大きかったが，2000年以降，交通・通信費や教養娯楽費などの文化的生活面の支出割合が大きくなった。ま

た，光熱・水道費や住居費なども増加してきた。これは住まいの快適性が求められ，耐久消費財の普及が要因ともいえる。

2　生活設計と家計

（1）ライフサイクルと家庭経済

【ライフサイクル】

　一人の人間が生まれてから死ぬまでの歴史をライフサイクルといい，1つの家族が誕生してから終了するまでの生活史をファミリー・ライフサイクルという。図表10-6は大正・昭和・平成の平均的ライフサイクルを対比させたものである。1920年の平均的ライフサイクルをみると女性は21.1歳，男性は25.0歳で結婚している。女性は23.6歳で第1子を出産し35.9歳で第5子を出産し，出産期間は約12年，子どもの扶養期間は約27年間に及んでいる。夫の定年後の期間は約6年，夫が死亡してから一人で過ごす寡婦期間は約4年間である。

　1961年の平均的ライフサイクルをみると，女性は24.5歳，男性は27.3歳で結婚している。女性は26.3歳で第1子を出産し31.3歳で第3子を出産し，出産期間は5年，子どもの扶養期間は23年間に及んでいる。夫の定年後の期間は17年，夫が死亡してから一人で過ごす寡婦期間は約4年間である。

　一方，2013年のライフサイクルをみると，女性の結婚年齢は29.3歳で1961年より4.8歳遅くなっており，男性の結婚年齢も30.9歳と晩婚化が進んでいる。女性は30.4歳で第1子を出産し32.3歳で第2子を出産し，子どもの数は2人のため出産期間は2年，子どもの扶養期間は約24年間と短くなっている。また，夫が死亡してからの寡婦期間は7年間となり一人で過ごす期間が伸びた。

　近年の特徴として，初婚年齢が遅く，子どもの数が少ないので出産期間と子どもの扶養期間が短くなってきた。しかし，平均寿命が延びたことにより，高齢化が進み，夫の定年後の期間や夫が死亡してから一人でいる寡婦期間が長くなった。この長い老後の期間を充実したものにするため，若い時から生活設計と資金管理の両面から退職後の人生プランを考え，準備しておかなければならない。

図表10-6　ライフサイクルの変化

●大正9年（1920年）

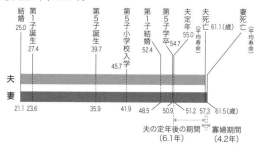

●昭和36年（1961年）

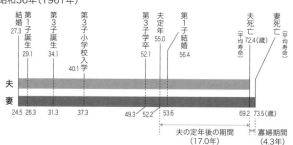

●平成25年（2013年）

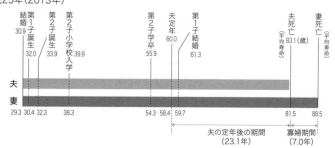

出所）公益財団法人生命保険文化センター「君とみらいとライフプラン〜「もしも」の備えと生活設計」2017年をもとに作成

【ファミリー・ライフサイクルと家計】

　約90年間でファミリー・ライフサイクルは大きく変化してきたが，ライフサイクルのなかにはさまざまなライフイベントがあり，それはライフステージごとに家計の支出に影響を及ぼす。そこで，ファミリー・ライフサイクル

を5つの時期に区切り，各ステージで家計がどのように変化していくか検討する。

①世帯形成期

婚姻によってはじまり第1子が誕生するまでの，だいたい1～2年ぐらいの短期間である。世帯主の収入は年齢的に若いので少ないが，共働きも一般化しているので，妻の収入参加が期待できる。また，生活は2人だけの比較的単純な生活であり，一生涯のうち生活は楽なほうである。夫婦それぞれの趣味や自己実現のためにある程度自由に支出することができる。

②育児期

第1子誕生から小学校へ入学するまでの時期とする。女性の平均初婚年齢は29歳であるから，妻は31～32歳で末子を出産する。子どもの誕生により生活はこれまでの2人の生活より複雑化し，出産や育児のための費用がかさむ。また，これまで共働きであったのが出産のため，妻が労働市場から撤退を余儀なくされるので，収入は減少し，経済的には下降してくる。

③教育期

第1子の義務教育開始から末子の高等教育終了までの時期を指し，子どもが平均2人，出生間隔を2～3年とすると1世帯あたりの教育期は20年ぐらいとなる。高等教育のための費用，その準備としての塾や補習教育の費用など，家計上教育費が大きな負担となる。また，日本人の持ち家志向の強さから，住宅取得のための費用が重くのしかかる。そのため，第3章で述べた，女性の就業問題が起こってくる。成人女性に職業労働と家事労働によるタイムプレッシャーが強くのしかかる。女性がどのような働き方をするかが問題であり，景気調整されやすい労働力であるが，家事と仕事を両立しやすいパートタイマーとして働くことが多い。第3章でも述べたが，女性の働く理由として「生計を維持するために働く」がトップにあがっていたが，この時期には，これまで出産や育児のために仕事を中断していた女性の収入参加が行われることになる。

④子どもの独立期

子どもが学校を卒業し，就職をするあるいは結婚をすることによって，他出するまでの時期である。教育費の負担は軽減し，子どもの家計への参加に

より経済的には余裕が出てくる時期である。また，世帯主の収入も多くなり，この時期は最も余裕のある時期となる。しかし，次第に家計は下降気味になっていく。

　⑤老齢期

　世帯主は労働市場から撤退し，収入は減少し，さらに健康面の衰えなど，高齢社会の問題が浮き彫りにされてくる時期である。保健医療費や交際費の出費がかさむのが特徴である。この時期の生活を年金のみで過ごすか，若い頃からしていた老後のたくわえにより余裕のある生活をするかは，長期生活設計の大きなポイントでもある。

　平均寿命の延長により，エンプティ・ネスト（empty nest）とよばれるこの時期は，ファミリー・ライフサイクルの1/4を占めるようになった。

（2）リスク管理

　日常生活には予期せぬ出来事が起こったりし，多額の損失や費用がかかったりする。現実に発生する可能性や損害の程度はさまざまであるが，起こってしまったリスクに対応していかなければならない。生活を取り巻くリスクには，失業，離婚など自分が選択した行動に伴って発生するリスク（選択的リスク）と，死亡，病気，ケガ，老後，介護，不慮の事故など，いつでも誰にでも起こりうるリスク（一般的リスク）がある[3]。自分らしい生き方をし，起こりうるリスクを予測し，リスクに対し最小の犠牲・負担で回避，分散，低減，コントロールすることをリスクマネジメントという。リスクはインパクト×頻度で評価され，リスクへの備えは，生活のマネジメントの重要な側面である。生活のマネジメント力を向上させるためには，汎用性技能に加え，意思決定スキルや批判的リテラシー，人間関係調整力が求められる[4]。また，先を見通し，予想し，計画を立てるとともに，柔軟な発想力や臨機応変に軌道修正する力も重要である。

　経済的なリスクに備えることを生活保障という。図表10-7に生活保障ニーズと生活保障手段をまとめる。保障手段には国の福祉政策である公的保障，企業が従業員の福祉のために行う企業保障，各自が自分のために準備する私的保障がある。それぞれのリスクから回復するためには，費用がかかるので

図表10-7　生活保障ニーズと生活保障手段

	公的保障	企業保障	私的保障
死亡	遺族基礎年金・遺族厚生年金など	死亡退職金，弔慰金，遺族年金制度など	定期保険，終身保険など
医療	健康保険制度，障害基礎年金，障害厚生年金など	法定外労働災害補償など	医療保険，傷害保険，預貯金など
老後	老齢基礎年金，老齢厚生年金など	退職一時金，企業年金など	個人年金保険，預貯金など
介護	公的介護保険など	介護・看護休職制度など	介護保険，介護費用保険，預貯金など
住宅火災自然火災	災害弔慰金，災害援助金の貸し付けなど	災害見舞金など	火災保険，地震保険など
損害賠償責任			自賠責保険，賠償責任保険，自動車保険，各種レジャー関係の保険など
その他			車両保険，各種レジャー関係の保険など

出所）生命保険文化センター『生活設計とリスク管理』2020年4月改訂，pp.8-9より作成

　そのための準備もしておかなければならない。家計管理をするときは，将来のリスクを想定し，リスクを回避あるいはリスクを最小限に抑えるためにリスクを分散させ，リスクの最小化を図るように心がけておかなければならない。

（3）今後の生活設計
【これからの家計管理】

　今日の家計の特徴は，収入面では共働き世帯の増加，高齢者の年金，子どものアルバイト収入など，複数の収入が一家には入ってくるので複雑化してきた。そのため家族一人ひとりがお金を管理するようになった。これを家計の個別化（個計化）とよぶ。また，カード決済が一般化し，現金で物を購入することが少なくなり，いわゆるキャッシュレス化が進展した。さらに，外食や交通・通信費やレジャーなどサービス業への支出割合が増加しているという家計のサービス化が起こっている。携帯電話やインターネットの利用など

通信や情報への支出の割合も増加しているという家計の情報化が進んでいる。

　子どもの教育費，住宅取得費，老後の生活費を生活設計の3大目標という。世帯形成期から短期的・長期的経済計画を立てておく必要がある。とくに，長期の生活設計においては，将来を見通した経済計画を立て，ライフステージで起こるさまざまなリスクに対応できなければならない。家庭生活を設計・管理するためには，家族で話し合い，それぞれの要求，価値観などを考えて，協力することが大切である。

【金銭の大切さの理解】

　生きていくうえで金銭が果たす5つの役割[5]には，「稼ぐ」「使う」「貯める」「増やす」「借りる」がある。収入と支出のバランスや金銭を計画的に使うことが大切であり，賢い使い方を学ぶ必要がある。金銭は便利なものだが，一歩間違うと人生を台無しにしてしまうことにもなる。

　実際の教育現場では，お金の使い方・大切さを考えさせること，「ほしいもの」（wants）と「必要なもの」（needs）を区別すること，「契約」と「約束」の違いを子どもたちに理解させることが必要である。

　また，表示を見る習慣を身につけ，禁止・注意記号（第11章参照）など製品の危険表示を正しく理解すること，取扱説明書やお菓子のパッケージの表示を見るなど大事な書類を読むことの必要性を学ぶことも必要である。さらに，家庭で話し合うことや家族の協力を得て行う宿題を出すなどして，子どもを通して保護者を啓発することも必要になっている。現代は，個人を取り巻く経済・社会環境が急激に変化しているため，お金に関する幅広い知識を持ち，適切な意思決定ができなければ，個人が安心して生活していくことが難しくなってきている。そのため，学校教育でも金融教育・金銭教育が推進されている。金銭教育の目的は，お金に関する幅広い学習を通じて，子どもたちの生きる力をはぐくむ教育であるとされている。お金や金融のさまざまなはたらきを理解し，自分の暮らしや社会について深く考え，自分の生き方や価値観を磨きながら，より豊かな生活やよりよい社会づくりに向けて，主体的に行動できる態度を養えるよう教育していかなければならない。

確認問題

1　1カ月の収入や支出の内訳を調べ，家計の流れを追おう。

2　自己の各ライフステージにかかった費用を計算しよう。

3　自己にかかったこれまでの教育費を計算しよう。

引用文献・より深く学習するための参考文献
1)　関谷嵐子・魚住麗子・高島道枝編『家庭生活論——現代家庭の構造分析』勁草書房，1985年，pp.32-33
2)　高部和子・津止登喜江・櫻井純子監修『実践家庭科教育大系　3家庭の経済生活と消費』開隆堂，1989年，pp.28-29
3)　生命保険文化センター『ライフプラン情報ブック　データで考える生活設計』生命保険文化センター，2011年，p.6
4)　日本家政学会家政教育部会編『家族生活の支援——理論と実践』建帛社，2014年，pp.21-22
5)　泉正人著＋金融学習協会編著『お金と上手につきあえるようになる！　お金の教科書』ダイヤモンド社，2011年，p.14

第11章

消費生活

　家庭生活は，長年にわたり物資やサービスを購入し利用するという消費中心の生活を送ってきた。私たち消費者には多様化した消費者問題にとどまらず，近年の温暖化や環境汚染など地球規模の様々な問題への対応が課せられている。また民法改正により「18歳成年」となり，18，19歳も親の同意なく契約が可能になると新たな消費者被害の拡大が問題となるだろう。

　本章では，新たなる消費者問題の特徴を理解し，持続可能な社会の実現のために私たち消費者が身につけておくべき知識と行動について考える。

キーワード

　　消費者問題　悪質商法　電子マネー　カード　意思決定
　　クーリング・オフ　エシカル消費

1　今日の消費者問題

（1）消費者問題とは

【消費者問題の発生の背景】

　現代社会においては衣食住のほとんどすべてで，人は自給自足ではなく，取引によって物資やサービスを購入して生活している。このように物資やサー

ビスを購入し利用する人のことを消費者という。

　消費者は，流通過程における最終段階に位置するため，物資やサービスの質や安全性，危害，価格，契約，環境の取引条件のリスクを負うことがある。こうした消費者の不利益や被害が生じている状況が「消費者問題」である。

　消費者問題は，1955年頃から始まる高度経済成長期に一般の消費者に認識されはじめた。大量生産・大量消費の時代の訪れとともに，欠陥商品が大量に出回り消費者被害が多発していた。事業者と消費者はもはや対等な関係ではなくなり，情報力や交渉力，資金力などにおける格差により消費者被害が多発し，被害を受けた消費者個人の力だけでは問題解決や被害の回復は困難となっていった。

(2) 消費者問題の変遷

　消費者問題は，戦後どのような経過をたどり変容してきたかを年代別にまとめてみる。

　①終戦直後から1950年代

　1948年，不良マッチの追放運動や物価値下げ運動が起きた。日本の消費者運動は，物資不足の時代の物価問題から起こったと言われている。また大量生産過程のなかでの有害物発生・食品への混入事件として，水俣病（53年），森永ヒ素ミルク中毒事件（55年）が発生した。

　②1960年代

　1960年のニセ牛缶問題は，「不当景品類および不当表示防止法」の制定に繋がった。食品・医薬品を原因とする消費者の安全が問題となった，サリドマイド事件（62年），カネミ油症事件（68年）が発生した。

　③1970年代

　カラーテレビ二重価格問題（70年），強引な訪問販売によるブリタニカ百科事典事件（70年），ねずみ講の摘発（71年）など取引関係の問題や悪質商法が起こった。大量生産・大量消費の時代のなかで製品の安全性の問題が重視される一方で通信販売や訪問販売，マルチ商法などの消費者トラブルが相次いで起こった。また，73年にはオイルショックをきっかけに狂乱物価が起きた。

　④1980年代

80年代に入ると，金の先物取引被害，サラ金被害の発生，キャッチセールスやアポイントメントセールスなどの新種の無店舗販売被害が増大し，消費者問題は多様化・複雑化した。

　⑤1990年代

　証券取引被害，ダイヤルQ2（有料情報提供サービス）被害が発生した。90年代後半ごろからは，通信手段の発達から，ネットショッピングやネットオークションのトラブルが多発した。大量生産・大量消費が大量廃棄を引き起こし，環境破壊がクローズアップされ，92年の地球サミットでは地球環境への関心が一気に高まった。

　⑥2000年代

　情報通信の発達により，迷惑メール被害，出会い系サイトの利用料金架空請求，振り込め詐欺などの被害が多発した。食品では，BSE（牛海綿状脳症）問題も発生した。

　また，アスベスト問題やマンションの耐震偽装問題も大きな話題となった。

　その他，07年には英会話教室NOVA問題，食品表示偽装問題，08年には中国冷凍餃子事件が起きた。

　全国の消費生活センターが受け付け，PIO－NET（全国消費生活情報ネットワークシステム）に登録された消費生活相談情報の件数は，図表11-1に示すように，1990年代に増加傾向を示し，2004年度に約192万件とピークに達した。

　⑦2010年代

　消費生活相談の総件数は，2005年以降減少傾向となるが，2008年以降の10年間は年間90万件前後と依然として高水準で推移し続けた。2018年度は架空請求に関する相談の増加により，再び100万件を超えたが，2019年度には約94万件と減少した。図表11-2に示すように，相談内容別の割合は「契約・解約」が依然として一番多くなっているが，2018年度をピークに減少傾向を示している。

　クレジットカード現金化問題，通販石鹸によるアレルギー被害などのトラブルや，2011年の東日本大震災の原発事故によるエネルギー問題，放射能汚染問題，食の安全問題などに消費者の関心が集まった。

　⑧2020年代

図表11-1　消費生活相談件数の推移（1984〜2019年度）

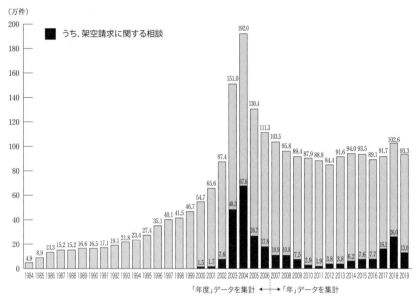

備考）1．PIO-NETに登録された消費生活相談情報（2020年3月31日までの登録分）
　　　2．1984〜2006年度は，国民生活センター『消費生活年報2019』による年度データ。
　　　　　2007〜2019年は「年」データを集計。
出所）消費者庁『令和2年度版　消費者白書』p.21

図表11-2　年度別にみたおもな相談内容別分類の割合の推移（PIO-NET）

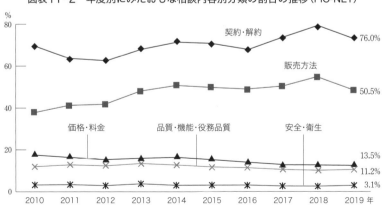

注）内容別分類は複数回答項目。
出所）国民生活センター『消費生活年報2020』p.10の資料を元に作成。

コロナ禍による生活環境の変化で，消費行動にも変化が起こり，情報手段が学習や就業に必要になることで「デジタルコンテンツ」にかかわる相談が増加した（図表11-3）。

【問題商法】

　消費者問題における相談で後を絶たないのが問題商法に関する内容である。どのような事例があるか図表11-4に示した。

【消費者問題の解決】

　消費生活のなかで起きる消費者問題には，物資やサービスの質や安全性，価格，表示，契約，環境など様々な問題がある。消費者問題が発生する要因と解決策をまとめる。

　①消費者の問題……消費者が得るべき情報量は，知らされていなかったり虚偽の情報が伝えられる場合がある。正しい情報が伝えられても消費者がそれを実践していない場合もある。消費者の能力向上のために2012年に消費者教育の推進に関する法律（消費者教育推進法）が制定された。

　②事業者・販売者の問題……消費者の健康や生命を脅かすような危険な商品やサービスが市場に出回らないようにしなければならない。1995年に「製造物責任法（PL法）」が施行され，製品の欠陥によって生命，身体または財産に損害を被った場合，被害者は製造会社に対して損害賠償を請求することができるという法律である。これまでは，消費者の製品に対する知識・情報が乏しいことが原因で欠陥についての立証が難しいのが課題であったが，この法律により，製造会社等に損害賠償責任を負わせることができるようになった。

　③経済的投票権……消費者は社会や環境に影響を与える存在である。「買い物行動は経済への投票」であるため，消費者が商品を選択・購入することは製造・生産している企業に投票していることになり，企業の存続・発展に関わることになる。消費者が購入しなければ，企業は持続できないのである。実際に児童労働や環境破壊などの事象に関わる企業の商品を買わない「不買運動」を起こし，世界的な企業が状況の改善に向けた取り組みをした例が数多くある。

　④消費者保護行政の問題……近年の消費者相談は，物資よりもサービスに

図表11-3 2019年度の上位商品・役務別にみた相談の特徴（PIO-NET）

順位	総数 商品・サービス	件数	65歳以上 商品・サービス	件数
	総件数	932,920	総件数	307,964
1	商品一般	155,904	商品一般	79,811
2	デジタルコンテンツ	83,297	デジタルコンテンツ	20,678
3	不動産貸借	37,981	インターネット接続回線	13,464
4	インターネット接続回線	33,116	工事・建築	12,637
5	工事・建築	28,656	他の健康食品	6,646
6	他の健康食品	28,361	携帯電話サービス	6,124
7	フリーローン・サラ金	22,247	修理サービス	5,784
8	携帯電話サービス	18,391	役務その他サービス	5,357
9	役務その他サービス	15,229	電気	5,256
10	修理サービス	13,723	新聞	4,934

順位	20歳未満 商品・サービス	件数	20歳代 商品・サービス	件数	30歳代 商品・サービス	件数	40歳代 商品・サービス	件数
	総件数	22,356	総件数	74,978	総件数	83,920	総件数	123,585
1	デジタルコンテンツ	5,856	デジタルコンテンツ	9,800	デジタルコンテンツ	8,042	デジタルコンテンツ	12,828
2	他の化粧品	2,621	不動産貸借	5,786	不動産貸借	7,509	商品一般	11,631
3	他の健康食品	2,459	商品一般	3,501	商品一般	4,710	不動産貸借	6,723
4	商品一般	815	エステティックサービス	3,180	フリーローン・サラ金	3,014	他の健康食品	5,164
5	基礎化粧品	751	フリーローン・サラ金	2,488	他の健康食品	2,636	フリーローン・サラ金	4,091
6	酵素食品	532	他の化粧品	2,214	インターネット接続回線	2,189	インターネット接続回線	3,851
7	健康食品（全般）	463	他の健康食品	1,925	工事・建築	2,117	工事・建築	2,951
8	コンサート	352	他の内職・副業	1,883	四輪自動車	2,068	携帯電話サービス	2,735
9	不動産貸借	327	四輪自動車	1,782	携帯電話サービス	1,687	四輪自動車	2,475
10	テレビ放送サービス	303	インターネット接続回線	1,566	役務その他サービス	1,347	基礎化粧品	2,031

順位	50歳代 商品・サービス	件数	60歳代 商品・サービス	件数	70歳代 商品・サービス	件数	80歳以上 商品・サービス	件数
	総件数	135,104	総件数	147,023	総件数	154,514	総件数	76,557
1	商品一般	21,247	商品一般	38,696	商品一般	45,981	商品一般	12,159
2	デジタルコンテンツ	14,320	デジタルコンテンツ	14,476	デジタルコンテンツ	10,860	工事・建築	4,233
3	他の健康食品	5,764	インターネット接続回線	6,296	インターネット接続回線	6,840	インターネット接続回線	3,182
4	不動産貸借	5,056	工事・建築	4,903	工事・建築	5,777	デジタルコンテンツ	2,417
5	インターネット接続回線	4,801	他の健康食品	3,678	携帯電話サービス	3,263	他の健康食品	2,398
6	フリーローン・サラ金	3,805	フリーローン・サラ金	3,263	修理サービス	2,733	新聞	2,378
7	工事・建築	3,750	不動産貸借	3,179	役務その他サービス	2,696	修理サービス	1,904
8	基礎化粧品	2,921	携帯電話サービス	2,808	他の健康食品	2,647	電気	1,568
9	携帯電話サービス	2,877	基礎化粧品	2,400	電気	2,538	固定電話サービス	1,557
10	四輪自動車	2,101	役務その他サービス	2,230	相談その他（全般）	2,427	相談その他（全般）	1,550

注）1．PIO-NETに登録された消費生活相談情報（2020年3月30日までの登録分）
　　2．総数には、年齢が無回答のものも含まれる。
出所）消費者庁『令和2年版　消費者白書』p.26

図表11-4　近年の問題商法一覧表

商法	主な販売方法・問題点	商品・サービスの例
アポイントメントセールス	「あなたは選ばれた」「無料でサービスする」など営業所や喫茶店に誘い出し，商品やサービスを契約させる。	・セミナー ・アクセサリー ・タレントスクール
キャッチセールス	街頭でアンケート調査や「無料体験しませんか」などと近づいて営業所や喫茶店に連れていき，商品やサービスを契約させる。	・美顔器 ・タレントスクール ・英会話スクール
マルチ商法	「稼げるバイトがある」「会員に商品を購入し，自分も他の購入者を獲得するとマージンが入り大きな利益になる」と誘い込む。	・化粧品 ・健康食品 ・デジタルコンテンツ
かたり商法	「消防署の方から来た」などとあたかも公的機関の職員を思わせる服装や身分証を提示し消費者を信用させ商品を売りつける。	・消火器 ・浄水器 ・機関紙
ネガティブオプション	商品を一方的に送り付け，消費者が受け取った場合，支払い義務があると思わせて代金を請求する商法。	・健康食品 ・魚介類（カニなど） ・ブランドの模倣品
SF（催眠）商法	閉め切った会場に人を集め，日用品などをタダ同然で配って雰囲気を盛り上げた後，冷静な判断ができなくなった来場者に高額な商品の契約をさせる手口。	・健康器具 ・健康食品 ・羽毛布団
資格商法	簡単に資格が取れると勧誘し資格取得の通信教育などの授業料を支払わせる商法。	・社会保険労務士 ・ネイリスト
サクラサイト商法	SNSやマッチングアプリをきっかけに業者に雇われたサクラが異性や芸能人などになりすまし高額なサービスを購入させる。	・出会い系サイト ・占いサイト
インターネット関連	オンラインショッピング，オンラインゲーム，アダルト情報サイトなどインターネット関連の新しいトラブルが発生している。	・架空請求 ・ワンクリック詐欺 ・無料ゲーム

関する相談が増加している。消費者と事業者の情報力，交渉力，組織力，市場支配力の差を埋めるために消費者の権利を守る法の整備や政策が不可欠である。

（3）若者の消費者問題

　<u>平成29</u>，<u>30年</u>(2017，2018年)の学習指導要領の改訂では，家庭科に関する
<small>小中</small>　<small>高</small>
小中高の学習内容に系統性が図られた。「消費生活・環境」では，小学校で

182

「買い物の仕組みや消費者の役割」が設置され，これまで中学校の指導内容であった売買契約について学習する。子どもたちの生活は，パソコンやスマートフォン等の情報通信機器の普及により高度情報化社会が急速に進展し，インターネットをはじめとする情報通信手段は，電話やメールなど単なる情報手段としてだけでなく，商品を購入する手段としてや，映像やゲームなどを楽しむ娯楽サービスとして日常生活のなかで切り離せないものとなっている。

　このような状況のなか，インターネットの利用率は若者を中心に増加傾向にあり，「インターネットを利用した通信販売の模倣品購入」や「アダルトサイトのワンクリック詐欺」など情報通信に関する消費者トラブルも増加傾向にあるため，若者に対する情報リテラシーの必要性はますます高まっている。

　図表11-5に示した29歳までの若者の消費生活相談をみると，各年齢層にインターネット関連の相談が目立っている。2019年の特徴としては，女性のみならず男性も「美容」に関する相談が上位にみられる。高度情報化などの経済社会の変化により，年齢を問わず誰もが経験する可能性があるインターネットに関する相談が多く，子どもの消費者問題として携帯ゲーム・パソコンのネットトラブルが特に多くみられる。例えば『令和2年版　消費者白書』によれば，子どもにもインターネットの利用が広がっており，携帯電話で様々なサイトにアクセスする機会が増えてきている。なかにはアダルトサイトなどに入ってしまい，高額な使用料金を請求されるケースも出てきている。インターネットに関する相談は，内容により年齢別構成比が異なる。「アダルト情報サイト」は幅広い年代から相談が寄せられているものの，近年相談が増加している「オンラインゲーム」は20歳未満と30歳代が，「SNS」は20歳代の割合が大きく，若者からの相談が多く寄せられている。未成年の子どもが，「無断で親のクレジットカードを利用していたため多額の請求を受けた」「全て無料で遊んだつもりが利用料の請求を受けた」など，未成年者が自覚のないまま多額の課金をされてしまう事例などの問題が依然として発生している。また，子ども向けの雑誌やカタログ広告をみて，親に内緒で申し込みの葉書に記名・捺印して申し込んでしまい届いた商品がイメージと違っていたり，支払いができないなどの通信販売トラブルも発生している。

　民法の改正により，高校生の間に成人を迎える子どもたちが直面する消費

図表11-5　2019年若者の商品・サービス別相談件数（PIO-NET）

男性					
15-19歳		20-24歳		25-29歳	
件数	8,789	件数	19,977	件数	15,962
1 脱毛剤	1,406	賃貸アパート	1,073	賃貸アパート	1,510
2 オンラインゲーム	553	他のデジタルコンテンツ	1,002	フリーローン・サラ金	855
3 化粧品その他	361	商品一般	916	商品一般	753
4 アダルト情報サイト	360	脱毛剤	874	他のデジタルコンテンツ	550
5 商品一般	347	フリーローン・サラ金	774	普通・小型自動車	509
6 他のデジタルコンテンツ	310	出会い系サイト	683	デジタルコンテンツ（全般）	372
7 他の健康食品	246	他の内職・副業	678	出会い系サイト	354
8 出会い系サイト	227	教養娯楽教材	643	携帯電話サービス	344
9 デジタルコンテンツ（全般）	204	普通・小型自動車	587	光ファイバー	338
10 化粧水	184	電気	582	脱毛剤	320

女性					
15-19歳		20-24歳		25-29歳	
件数	8,238	件数	20,779	件数	17,919
1 他の健康食品	1,615	脱毛エステ	1,183	賃貸アパート	1,669
2 酵素食品	392	賃貸アパート	1,153	商品一般	926
3 商品一般	320	他のデジタルコンテンツ	1,102	他のデジタルコンテンツ	728
4 他のデジタルコンテンツ	287	出会い系サイト	957	他の健康食品	561
5 健康食品（全般）	274	商品一般	875	出会い系サイト	468
6 コンサート	270	他の健康食品	811	フリーローン・サラ金	448
7 アダルト情報サイト	256	他の内職・副業	710	デジタルコンテンツ（全般）	425
8 デジタルコンテンツ（全般）	255	デジタルコンテンツ（全般）	520	脱毛エステ	379
9 脱毛剤	184	フリーローン・サラ金	395	結婚式	371
10 賃貸アパート	160	痩身エステ	366	役務その他サービス	324

注）1．PIO-NETに登録された消費生活相談情報（2020年3月31日までの登録分）
　　2．品目は商品キーワード（小分類）。
出所）消費者庁『令和2年版　消費者白書』p.27

生活において，契約の重要性を認識させ，社会のルールを教える必要がある。

18歳で成人になったらできるようになること	20歳まではできないこと
・クレジットカードが持てる ・ローンを組んだり借金ができる ・親の同意なく結婚ができる ・法定代理人の同意なく民事訴訟が起こせる ・10年有効のパスポートが取得できる　など	・お酒を飲む ・タバコを吸う ・競馬や競艇などの公営ギャンブルをする 　　　　　　　　　　　　　　　　　　　など

(4) キャッシュレス社会

　現代の経済社会では，キャッシュレス化が進行している。小学生にも電子マネーの利用が広がっているため，小学校家庭科における金融教育も変革しつつある。『小学校学習指導要領（平成29年告示）解説　家庭編』にも様々なカードの利用について，「金銭と同じ価値があるため大切に取り扱う必要があることを理解できるようにする」とある。子どもたちの消費生活のなかでは，家族が利用するクレジットカードは身近なものになっている。成年年齢引き下げにより，18歳になると親権者の同意なくクレジットカードの申し込みができるようになるため，家庭科の内容を前倒しで学習するようになった。

【カード】

　消費者信用は，商品やサービスを代金後払いで買ったり，金銭を金融機関から借り入れる契約のことで販売信用と消費者金融からなる。販売信用とは，買ったり借りたりするものの代金を後払いすることで「クレジット」という。クレジットカードによる購入や住宅ローンの利用などがある。また，消費者が金融業者から借り入れ，返済することを消費者金融（ローン）という。無計画に利用すると多重債務や自己破産に陥るので，借金であるということを自覚して自己管理をしなければならない。

　近年，現金を使用しないキャッシュレス決済が多様化し，急速に普及している。

　カードには，代金を支払うために使用するカード，現金を引き出すために使用するカード，身分を証明するために使用するカードがある。次のような6つの種類のカードがある。

　①プリペイドカード……あらかじめ代金を払って購入し，入っている金額

分だけ使える。

②デビットカード……キャッシュカードの付属機能で，その場で自分の口座から代金を引き落とす仕組みの即時決済カード。

③クレジットカード……代金の支払いを後払いや分割払いにできる。

④ローンカード……お金を借りる。

⑤キャッシュカード……自分の口座のお金を機械で出し入れする。

⑥IDカード……会員であることを証明する。

カードを使用して代金を支払う方法として，次の4つの方法がある。

①一括払い……翌月に一括して支払う方式。手数料はない。

②ボーナス払い……ボーナス時に一括で支払う方式。

③分割払い……何回かに分けて支払う方式。あらかじめ支払回数を決めておく。通常3回以上になると手数料がかかる。

④リボルビング払い……毎月一定の金額を支払う方式。高額な買い物でも月々の支払いが低く設定できるので便利だが，次々カードを使用して購入するとどの分までどのくらい返済したのかはっきりしなくなり，利用残高がふくらみ，金利が重くのしかかるので注意が必要である。

【クレジットカードの利用】

今日のキャッシュレス社会では前述のようなさまざまなカードがあり，利用することも一般的になってきた。図表11-6にクレジットカードの仕組み（三者間契約）と決済の流れについて示す。クレジットカードを利用することにはメリットもあるし，デメリットもある。メリットは，①現金決済をしないで済むので，現金を持ち歩かなくてもよい，②決済期日を先送りできる，③通信販売などでは支払いが簡単である，④分割払いやボーナス払いなど支払方法が選べる，⑤海外では身分証明になる，などがあげられる。しかし，デメリットとして，①使いすぎる心配がある，②悪用される危険がある，③分割払いにすると金利がかかる場合がある，④信用調査やカード使用記録により，プライバシーの侵害の恐れがある，などである。したがって，①利用する際には，手数料や支払方法などを確認する，②支払い明細と売上伝票とを照合し引き落とし額に間違いがないかを確認する，③カードの紛失・盗難は

図表11-6　クレジットカードによる購入と決済（三者間契約）

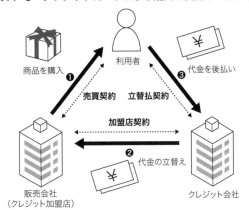

すぐにカード会社に届ける，④計画的に利用する，月々の支払いがいくらに
なっているか把握しておく，⑤他人にカードを貸さない，⑥商品を購入した
が，その商品に欠陥があったり，サービスが提供されなかったら，販売業者
に対して代金の支払いを停止することができる（抗弁権の接続），⑦キャッシン
グは金利が高いなども知っておくとよいだろう。

【電子マネー】

　金銭の価値をデジタルデータに置き換え，コンピュータ上でデータのやり
とりをする仕組みのことである。「プリペイド型」と「ポストペイ型」に大別
される。また，スマートフォンを利用したタッチ決済，QRコード決済はキ
ャッシュレス決済の主流になりつつあり，新たに生体認証やマイクロチップ
の情報により支払う方法も登場している。

　①プリペイド型電子マネー

　現金や料金を予めチャージしておく（プリ＝前に，ペイド＝支払う）電子マネ
ー。主な電子マネーに，Edy（エディ），Suica（スイカ），PASMO（パスモ），
nanaco（ナナコ），WAON（ワオン）などがある。

　②ポストペイ型電子マネー

　代金を後払い（ポスト＝後で，ペイ＝支払う）する電子マネー。クレジットカ
ードに対応することが条件である。主な電子マネーは，QUICPay（クイックペ
イ），iD（アイディ）などがある。

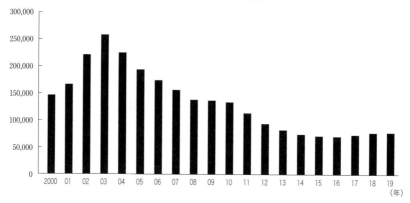

図表11-7　自己破産件数

出所）最高裁判所『司法統計年報・月報』より作成

【多重債務】

　クレジットカードで自分の支払い能力以上に買い物をしたり，消費者金融業者から借金を重ねてしまい，返済できなくなることを多重債務という。クレジットカードで買い物をして支払いが遅れてしまい，軽い気持ちでキャッシングをしたのが始まりというケースが多い。そして，借金の穴埋めをするために消費者金融から借金をして，だんだん生活費まで借金するようになり，最後は返済できない金額にまでなってしまう。もし多重債務に陥ったら債務を整理する4つの方法がある。

　①任意整理……債務者が金融会社と話し合い，債務を減らすように合意をする。

　②特定調停……簡易裁判所で減額の申し立てをする。

　③個人再生……①②が無理な場合，地方裁判所で個人再生の手続きをする。

　④自己破産……債務者が裁判所に自己破産の申し立てをする。裁判所に認められれば破産宣告を受ける。また，裁判所に申し立てをして，債務が免責される免責制度がある。バブル崩壊後の1990年代前半から増え始めた自己破産者数は，図表11-7に示すように，最高裁判所『司法統計年報・月報』によると，2003年に約26万件とピークを迎え，その後は少しずつ減っていき，2016年には最小の7万675件となるが，その後微増に転じ，2019年の自己破

産件数は7万8318件となっている。自己破産手続きを執行すると，債権者が迷惑を被るばかりか，債務者本人の生活に一部支障が生じることを理解しなければならない。多重債務に陥らないためには，クレジットは借金であることを認識し，絶対に使いすぎないことが大切である。

(5) 食品表示をめぐる消費者問題

　2000年6月から7月にかけて，雪印乳業が製造した加工乳を飲んだ消費者に1万人を超える多数の食中毒が発生した「低脂肪加工乳食中毒事件」以降，我が国の消費者は食の安全に対して不安感を抱いてきた。2008年1月の「中国産冷凍餃子中毒事件」，同年9月の米穀加工販売会社三笠フーズの「事故米販売事件」と連続したことにより，消費者の不信感は強まった。内閣府の調査によると，食分野の安全性に対して「不安感が大きい」とした消費者の割合は，2004年には41.4%だったのが，2008年10月には75.5%にまで増加した。その後も，原産国表示などの表示自体が偽造される事件が頻発するなどを受けて，2009年5月JAS法が改正され偽装表示に関する罰則が強化された。2013年6月には，複数の法律による食品表示を一元化することを目的に，食品表示法が公布された。また，BSE問題や遺伝子組み換え作物などの登場から，食の安全を求める消費者のために2004年頃からトレーサビリティ（Traceability）が注目され始めた。日本ではBSE問題から牛肉に，事故米穀問題から米・米加工品にトレーサビリティが義務化された。トレース（Trace：追跡）とアビリティ（Ability：能力）を組み合わせた造語で「追跡可能性」と訳される。EUでは，消費者のためだけでなく，商品が生産されて消費者に渡る過程において，児童労働や過重労働，生態系を乱すような乱獲や乱伐を引き起こしていないか確認することがトレーサビリティの大きな目的として考えられている。

【食の安全と表示】

　2015年4月に施行された食品表示法は，食品表示の適正確保のための施策が消費者基本法に基づく消費者政策の一環であって，消費者の権利（安全確保，選択の機会確保，必要な情報の提供）の尊重と消費者の自立支援を基本理念としている。それまでの食品の表示に関する規定は，食品衛生法・JAS法・健康

増進法に分かれて複雑化しており，消費者の権利という観点から，整合性の取れた表示基準の制定，消費者，事業者双方にとって分かりやすい表示，消費者の日々の栄養・食生活管理による健康増進に寄与することを目的としている。これにより，アレルギー物質の表示がより分かりやすいものとなり，加工食品などの栄養成分表示が義務化された。また，食べられることなく廃棄されてしまう食品ロスの問題に対応すべく，長期保存の効く食品について，賞味期限表示を年月日から年月に変更するなどの事業者の取り組みがみられた。これは，2030年までに食品廃棄物を半減するというSDGsの目標12「つくる責任つかう責任」にも適う取り組みである。消費者も「つかう責任」を意識した消費をすることが重要である。

2　消費者の責任と権利

(1) 消費者の権利と責任

　消費者が安全な消費生活を送るためには，消費者の権利が保障される必要がある。消費者団体の国際的組織である国際消費者機構 (CI：Consumers International) は，1982年に消費者の8つの権利と消費者の5つの責任を提唱した。

　消費者の8つの権利とは，①生活の基本的ニーズが保障される権利，②安全である権利，③知らされる権利，④選ぶ権利，⑤意見を反映される権利，⑥補償を受ける権利，⑦消費者教育を受ける権利，⑧健全な環境の中で働き生活する権利である。②〜⑤はケネディ大統領の4つの権利 (1962年)，⑦はフォード大統領の5番目の権利 (1975年) である。

　消費者の5つの責任とは，①批判的な意識をもつ責任，②主張し行動する責任，③社会的弱者への配慮をする責任，④環境への配慮をする責任，⑤連帯・団結する責任である。

　消費者は権利を主張するだけでなく，責任を果たし安全で安心な消費生活を営めるよう保証されなければならない。

（2）消費者契約法と特定商取引法

【消費者契約法】

　消費者契約法は，事業者の不適切な勧誘行為により締結された契約は，消費者が取り消すことができるというもので2001年に施行された法律である。消費者には以下の場合に取消権が定められている。

　①不実告知……重要事項について事実と異なる説明があった場合

　②断定的判断の提供……将来変わるかもしれない不確実な事項について，確実に一定の結果が起こると告げた場合

　③不利益事実の不告知……不利益な事実を故意または重大な過失により告げなかった場合

　④不退去……帰るように退去の旨の意思を示したにもかかわらず，退去せずに勧誘し続けた場合

　⑤退去妨害……消費者が勧誘の場から帰りたいと退去の意思を示したにもかかわらず退去させなかった場合

　⑥判断力の低下の不当な利用……消費者が加齢や心身の故障により判断力が著しく低下していることから，不安をあおり契約が必要と告げた場合

【特定商取引法】令和3年7月6日改正

　特定商取引法は消費者がトラブルに巻き込まれやすい取引において，訪問販売，電話勧誘販売，通信販売，内職・マルチ商法などからの被害を未然に防ぐ法律である。改正された法律では，売買契約に基づかない送り付け商法やクーリング・オフの方法の一部改正などが適用された。

【クーリング・オフ】

　トラブルにあってしまったらクーリング・オフがある。クーリング・オフとは，無条件解約ともいわれ，訪問販売や電話勧誘などの特定の取引の場合，一定の期間ならば自由に契約を解除できる制度である。強引な勧誘を受け，無理に契約をしてしまった場合などに利用できる。クーリング・オフの期間は販売方法や商品によって異なる。例えば，図表11-8に示すように，訪問販売では契約書面の交付日から8日間，マルチ商法では20日間で，この期間内に解除の通知を書留や内容証明郵便などの文書で送る。一部法改正により，電子メールの送付でもクーリング・オフが適応対象となった。

図表11-8　クーリング・オフ

1. 契約書を受け取った日を含めて下記期間内に書面で通知する。
2. 必要事項をハガキに書いて両面をコピーし，控えとして大切に保管する。
3. クレジット払いで契約をした場合は，クレジット会社にも通知する。
4. ハガキは「特定記録郵便」「簡易書留」で送る。
5. 支払った額は全額返金される。

取引形態	内容	クーリングオフ可能期間
訪問販売	自宅や喫茶店など業者の店舗・営業所以外で契約した指定商品・サービス	8日間
電話勧誘販売	電話で勧誘を受けて契約した指定商品・サービス	8日間
特定継続的役務提供	エステ，語学教室，学習塾，家庭教師，パソコン教室，結婚相手紹介のうち，5万円超で一定期間継続する契約	8日間
連鎖販売取引	「他の人を入会させれば利益が得られる」などと言って商品を買わせたりする契約（マルチ商法）	20日間
訪問購入	業者が自宅を訪問して物品を買い取る契約	8日間
生命・損害保険契約	自宅や勤務先など事業所以外で結んだ期間1年超の契約	8日間

ハガキの書き方（例）

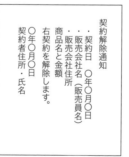

　また，特定商取引法により，クーリング・オフの所定の期間を経過した場合でも，事業者がクーリング・オフを妨害するために虚偽の説明や威迫を行った結果，消費者が誤認または困惑してクーリング・オフを行わなかった場合，その事業者が自らクーリング・オフができる旨を記載した書面を消費者

に交付し，その期日から所定の期間を経過するまでの間，消費者はクーリング・オフを行うことができる。合意解約という手段や未成年者の契約は取り消すことができるので，諦めずに適正な対処をしなければならない。また，このようなときは地域の消費生活センターに相談することも一つの手段である。

（3）意思決定

消費行動のなかで，消費者は意思決定能力を身につけることが大切である。購入する商品を選ぶときの意思決定過程（目的の確認→情報収集→比較・検討→購入→振り返り）において，購入するものを品質，安全性，機能，環境への影響の観点で比較することが大切であり，価格の安さ以外にも重要な点があることを理解し決定に責任を持つ必要がある。

消費者が社会に与える影響力を自覚し，地域の活性化や雇用等も含む，人や社会・環境に配慮した消費行動，すなわち「エシカル消費」を実践していくことが欠かせない。

エシカル（ethical）は，「倫理的な」と直訳される。法的な縛りはないが，環境や人権に対して十分に配慮された物資やサービスを選択した消費生活を送ることがエシカル消費である。

また，フェアトレードは，開発途上国で生産された作物や製品を，適正な価格で継続的に取り引きし，生産者の生活改善と自立を支え，生産地の環境を保全する貿易の仕組みである。コーヒー豆や綿花を生産する開発途上国の抱える低賃金，児童労働や環境破壊を抑制することがねらいである。日本でも，近年フェアトレードの取り組みに対する認知度が徐々に上がっている。第三者機関において認証された製品に付与された国際フェアトレード認証ラベル，環境に関するグリーンマークやエコマークがついた商品を消費者が選択し購入することにより，これらの問題の解決に貢献することになる。

エシカル消費を実践していくことは，社会的課題の解決に資するだけでなく，その消費に隠された社会的背景や影響を意識した消費行動につながる。

（4）生活情報

【くらしの中のマークや表示】

図表11-9　表示とマーク

警告表示マーク

禁止図記号　　　注意図記号　　　指示図記号

接触禁止　　　分解禁止　　　火気禁止　　　感電注意　　　火気注意　　　頭上注意

洗濯表示マーク

変更前の洗濯表事例　　　　　　　　　　新しい洗濯表事例

 ➡

2016年12月よりISO標準に変更

　消費者は商品につけられた表示を見ることによって，原料から製造，加工過程，販売経路までを知ることができる。図表11-9に表示やマークの一部を示す。消費者は商品を選択する基準として，表示やマークを見ながら，大きさ(容量，重量，寸法)，性能，デザイン，価格，メーカー・ブランド名，保証期間・アフターサービス，省エネルギー性，環境を考慮した商品かどうかなどを決定する。計量法や産業標準化法(JIS法：2019年5月改正)，JAS法，国際標準化機構(ISO)などで規格化されている。また，サービスは商品と違って直接手に取って確かめることができないし，一定期間継続しなければ判断し

にくい面があるので，サービスの提供者がその資格を取得しているかどうかを確認することも選択基準となる。例えば宅地建物取引免許証を提示させたり，旅行業者の登録番号を確認するなどである。さらに，消費者がものやサービスの購入後，使用後の情報や被害情報を発信することによって，それらを行政や企業が活用し，再発防止につなげることができる。特に昨今，企業側は一度消費者の信用を失ったら企業として再建がむずかしいことを認識し始めている。消費者として，事故や被害の情報を発信し，生活情報を集め被害防止への意識を高めていかなければならない。

確認問題

1　科学技術の発展が人間の消費生活に与えてきた「功と罪」を挙げてみよう。

2　インターネットショッピングをする際に，失敗しないためにはどんなことを確認すれば良いか挙げてみよう。

3　今後の消費生活で商品を選択・購入する際に実践できるエシカル消費とはどのような行動か，具体例を挙げてみよう。

引用文献・より深く学習するための参考文献
1）　神山久美・中村年春・細川幸一編著『新しい消費者教育——これからの消費生活を考える　第2版』慶應義塾大学出版会，2019年
2）　谷本圭子・坂東俊矢・カライスコス・アントニオス『これからの消費者法——社会と未来をつなぐ消費者教育』法律文化社，2020年
3）　杉並区消費者教育副読本作成委員会『家庭科副読本 くらしと消費 令和3年度版』杉並区，2021年
4）　消費者庁『令和2年版 消費者白書』2020年
5）　河村美穂ほか『Survive!! 高等学校家庭基礎』教育図書，2021年
6）　坂東俊矢・細川幸一『18歳から考える消費者と法 第2版』法律文化社，2014年

第 **12** 章

環境問題

　日本の環境問題は，産業型公害から都市・生活型の環境問題へと変化し，さらに地球規模にまで広がった地球環境問題へと拡大していった。環境問題は現代の人類が抱える課題であり，個人が環境に配慮して生活を送らなければ，後世に及ぼす影響は深刻なものになるだろう。

　本章は，1では環境問題の現状や環境に関する世界の取り組みについて，2では環境保護に関する法律について概説し，生活者としての心構えを述べる。

キーワード

環境問題　大量生産・大量廃棄　3R　5R　環境ラベル　リサイクル法

1　今日の環境問題

(1) 日本の環境問題の変遷

　日本の環境問題の変遷を概観すると，足尾銅山鉱毒事件，水俣病，イタイイタイ病などで知られている産業型公害では，多くの人が亡くなり苦しめられてきた。さらに高度経済成長期では工場からのばい煙による大気汚染，家庭からの生活排水や工場からの排水などによる河川や湖沼の水質汚濁や土壌汚染も深刻な問題となった。また，大量生産・大量消費による廃棄物の問題（図表12-3参照），ダイオキシンや農薬などの化学物質汚染，放射性物質汚染，

その他地盤沈下や騒音問題，ヒートアイランド現象などは，これまで私たちが快適性・利便性を追求して生活してきた結果，引き起こされたといえる。

とくに現代は，私たちが大量生産・大量消費のライフスタイルを追求してきた結果，さまざまな環境問題[1]がある。たとえば，①二酸化炭素などの温室効果ガスの濃度上昇による気温の上昇やそれに伴う海面の上昇など地球温暖化が進んでいる。②フロンガスの増加による広範囲にわたるオゾン層の破壊が起こり，紫外線量が増加し人間への被害が増加している。③焼畑移動耕作，薪の採取，建築材の商業用伐採により，熱帯雨林の生態系を破壊し，多くの生物の生存を危うくしている。④工場や自動車などからの排出ガスの中の硫黄酸化物や窒素酸化物により酸性雨が降り，湖沼の魚や生物が死滅し，森林にも大きな被害が出ている。⑤油による汚染や化学物質，重金属による海洋汚染が問題となっている。⑥都市化に伴う土地利用の変化や過密化現象によって，自然環境が失われてきたり，ごみの増加や家庭排水による水質汚濁の問題，大気汚染や騒音問題などが起こっている。⑦とくに，本来食べられるのに捨てられてしまう食品のことをさす食品ロスや，プラスチックごみの問題も社会問題となっている。プラスチックごみは，適正に処理されずに海にたどり着いた廃プラスチック類が，マイクロプラスチックとして海に広がり生態系に悪影響を及ぼしている。このような都市・生活型公害といわれる環境問題が，私たちの生活に課題を投げかけている。

(2) 環境に関する国際会議

環境破壊，温暖化などは地球規模の問題であり，国際会議などで条約を採択し，各国がそれぞれ問題解決に努力している。図表12-1に示すように，1972年に国連人間環境会議がストックホルムで開催された。これ以降環境に関する国際会議が開催され，1982年に国連環境計画管理理事会特別会合がナイロビで開催された。また，1992年にはブラジルのリオ・デ・ジャネイロで「持続可能な開発」をテーマとして地球サミットが開催され「リオ宣言」と「アジェンダ21」が採択された。このような世界の流れのなかで日本は，1993年に環境基本法を制定した。1997年には京都で「第3回気候変動枠組条約締約国会議（COP3）」が開催され，京都議定書が出された。国際的な取り組みの

197

図表12-1　環境に関する国際会議

1972年	国連人間環境会議(ストックホルム)
1982年	国連環境計画管理理事会特別会合(ナイロビ会議)
1992年	環境と開発に関する国際連合会議(地球サミット)(リオ・デ・ジャネイロ)リオ宣言
1997年	地球温暖化防止会議…京都議定書COP3
2002年	持続可能な開発に関する世界首脳会議(ヨハネスブルグ・サミット)
2009年	国連気候変動サミット
2010年	第10回生物多様性条約国会議COP10(名古屋会議)
2012年	国連持続可能な開発会議(リオ＋20)
2013年	第19回国連気候変動枠組条約締約国会議COP19(ワルシャワ)
2015年	第21回国連気候変動枠組条約締約国会議COP21 パリ協定
2015年	国連持続可能な開発サミット(ニューヨーク国連本部)SDGs
2018年	温暖化対策を話し合う国際会議COP24
2019年	G20において持続可能な成長のためのエネルギー転換と地球環境に関する閣僚会合―脱炭素社会の構築

なかで，日本は，循環型社会形成推進基本法，グリーン購入法などを制定した。各法律は「2　環境保護に関する法律」で紹介する。また，2013年にポーランドのワルシャワで，第19回国連気候変動枠組条約締約国会議（COP19）が開催され，2020年までの二酸化炭素（CO_2）の削減目標を，以前掲げた「1990年比25％減」から「2005年比3.8％減」に修正するなどが行われた。2015年には，ニューヨーク国連本部にて「国連持続可能な開発サミット」が開催され，持続可能な開発のための2030アジェンダが採択された。持続可能な開発目標（Sustainable Development Goals：SDGs）は17のゴールと169のターゲットから構成され，地球上の誰一人取り残されないことをめざして各国が取り組んでいる。

図表12-2　環境法の体系（おもな環境関連法）

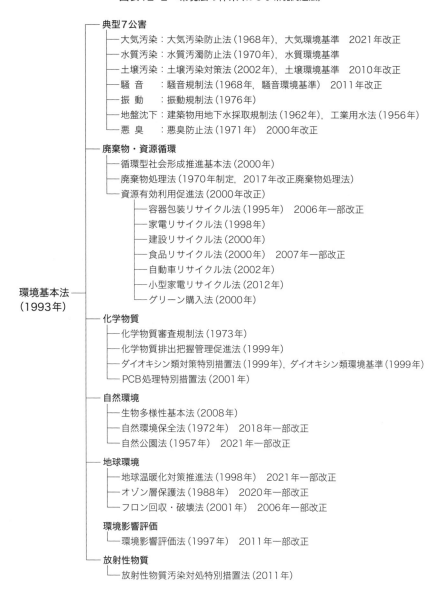

```
環境基本法──┬─ 典型7公害
（1993年）  │   ├─ 大気汚染：大気汚染防止法（1968年），大気環境基準　2021年改正
           │   ├─ 水質汚染：水質汚濁防止法（1970年），水質環境基準
           │   ├─ 土壌汚染：土壌汚染対策法（2002年），土壌環境基準　2010年改正
           │   ├─ 騒　音　：騒音規制法（1968年，騒音環境基準）　2011年改正
           │   ├─ 振　動　：振動規制法（1976年）
           │   ├─ 地盤沈下：建築物用地下水採取規制法（1962年），工業用水法（1956年）
           │   └─ 悪　臭　：悪臭防止法（1971年）　2000年改正
           ├─ 廃棄物・資源循環
           │   ├─ 循環型社会形成推進基本法（2000年）
           │   ├─ 廃棄物処理法（1970年制定，2017年改正廃棄物処理法）
           │   └─ 資源有効利用促進法（2000年改正）
           │          ├─ 容器包装リサイクル法（1995年）　2006年一部改正
           │          ├─ 家電リサイクル法（1998年）
           │          ├─ 建設リサイクル法（2000年）
           │          ├─ 食品リサイクル法（2000年）　2007年一部改正
           │          ├─ 自動車リサイクル法（2002年）
           │          ├─ 小型家電リサイクル法（2012年）
           │          └─ グリーン購入法（2000年）
           ├─ 化学物質
           │   ├─ 化学物質審査規制法（1973年）
           │   ├─ 化学物質排出把握管理促進法（1999年）
           │   ├─ ダイオキシン類対策特別措置法（1999年），ダイオキシン類環境基準（1999年）
           │   └─ PCB処理特別措置法（2001年）
           ├─ 自然環境
           │   ├─ 生物多様性基本法（2008年）
           │   ├─ 自然環境保全法（1972年）　2018年一部改正
           │   └─ 自然公園法（1957年）　2021年一部改正
           ├─ 地球環境
           │   ├─ 地球温暖化対策推進法（1998年）　2021年一部改正
           │   ├─ オゾン層保護法（1988年）　2020年一部改正
           │   └─ フロン回収・破壊法（2001年）　2006年一部改正
           ├─ 環境影響評価
           │   └─ 環境影響評価法（1997年）　2011年一部改正
           └─ 放射性物質
               └─ 放射性物質汚染対処特別措置法（2011年）
```

出所）田中修三・西浦定継『基礎から学べる環境学』共立出版，2013年，pp.77-85及びhttps://
tenbou.nies.go.jp/policy/description/0055.htmlより作成

2 環境保護に関する法律

(1) 環境法の体系

　環境保護に関する法律は，高度経済成長期に発生した公害問題をきっかけに1967年の公害対策基本法につづき，1971年に「環境庁」（現環境省）が設置され，産業型公害である典型7公害に対する対策が行われた。その後，都市・生活型環境汚染や地球規模の環境問題が顕在化してきた。大量の廃棄物によるごみ問題や排出ガスによる地球温暖化などに対応するため，新しい理念のもと1993年に環境基本法が制定された（公害対策基本法は廃止）。図表12-2に示すように，2000年に循環型社会形成推進基本法が制定されたり，廃棄物処理法が改正されたり，容器包装リサイクル法，家電リサイクル法や食品リサイクル法などのリサイクル関連法が制定され[2]，今日まで実情にあった改正がされてきている。また，プラスチックごみを削減するため，無料で提供されるスプーンなど12種類のプラスチック製品について，有料化や再利用のための対策を義務づける「プラスチック資源循環促進法」が2022（令和4）年から施行される。このようにさまざまな環境保護に関する法律が整備されるようになった。次に，おもな法律について概説する。

(2) 循環型社会形成推進基本法と廃棄物関連法[3]

【循環型社会形成推進基本法】

　循環型社会形成推進基本法の目的は，環境基本法の理念にのっとり循環型社会の形成についての基本原則を定め，国，地方公共団体，事業者，国民の責務を明らかにし，基本的施策を定めることである。国は循環型社会形成推進基本計画を策定する責務がある。地方公共団体は，その地域の施策を策定・実施する責務がある。事業者は基本原則の発生抑制，循環利用および適正処分，循環利用の原則に従う責務があり，製造・販売などを行う事業者は，製品などの耐久性向上や循環資源の取引などを行う責務があるとし，ここに拡大生産者責任（extended producer responsibility：EPR）が含まれた。つまり，製品の使用が終わり排出された後の回収・リサイクル・最終処分まで製品の生産者の責任を拡大するという考えである。また，国民は製品などの長期使

図表12-3　ごみの排出量と最終処分量

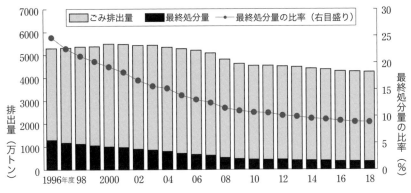

資料）環境省「一般廃棄物の排出及び処理状況等（平成30年度版）について」
出所）日本統計協会『統計でみる日本2021』2021年，p.80

用，再生品の使用，循環資源の分別回収への協力，循環資源の事業者への引き渡しなどを行う責務があるとした。

【廃棄物処理法】

　廃棄物処理法（正式名称：廃棄物の処理及び清掃に関する法律）の目的は，廃棄物の排出を抑制し，適正な処理をすることによって，生活環境の保全および公衆衛生の向上を図ることである。廃棄物とは，ごみ，粗大ごみ，燃え殻，汚泥，ふん尿，廃油，廃酸，廃アルカリ，動物の死体その他の汚物又は不要物であって，固形状又は液状のもの（放射性物質およびこれによって汚染されたものを除く）とされている。家庭等から出る一般廃棄物と産業廃棄物に分けられ，その処理責任は市町村と事業者にある。

　図表12-3に示すように，ごみの総排出量[4]は2000年度の5483万トンをピークとして2018年度は4272万トンと減少傾向にある。また，2019年[5]は年間で4294万トンである。排出されたごみは焼却等の中間処理され，燃え殻や灰などの残渣として最終処分場に埋めたてられる。最終処分量も減少が続いており，2018年度は384万トン，最終処分量のごみ排出量に対する比率も低下傾向にあり，2018年度は9.0％と1996年度の4割以下となった。ごみの排出量は経済状況とも関連し，バブル景気の頃は急激に増加し，バブル崩壊後も10年間は微増した。現在は循環型社会形成推進法の制定により，ごみ排出量は

減少しつつある。

　ごみの種類としては，生活系ごみと事業系ごみがある。たとえば，日本で1年間に排出される食品廃棄物量は，家庭等などから766万トン，食品産業関連から1765万トンで，合計2531万トンとなっている[6]（平成30年度推計）。そのうち事業系食品ロスは320万トン，家庭系食品ロスは276万トンで合わせて600万トンとなる。

【資源有効利用促進法】

　資源有効利用促進法（正式名称：資源の有効な利用の促進に関する法律）の目的は，廃棄物の発生抑制，再生資源の利用，再生部品の利用により，資源の有効利用および廃棄物の発生抑制を図ることである。循環型社会形成推進基本法および資源有効利用促進法に基づいて，廃棄物の発生抑制と資源の有効活用を図るため，廃棄物の発生抑制（reduce），再利用（reuse），原材料として利用する再生利用（recycle）からなる3Rが進められている。たとえば，リデュースは過剰包装をやめたり，公共交通機関を利用することにより，排ガスの発生を抑制し，リユースはビールびんの繰り返し利用などである。フリーマーケットで衣類や日用雑貨を売買・使用するのはリユースである。また，リサイクルとしては新聞紙やアルミ缶を回収して，それを原料として新たな製品をつくることである。

(3) 資源循環（リサイクル）関連法[7]

【容器包装リサイクル法】

　容器包装リサイクル法（正式名称：容器包装に係る分別収集及び再商品化の促進等に関する法律）の目的は，容器包装廃棄物の分別収集および再商品化により，一般廃棄物の減量と再生資源の利用を図ることである。容器包装廃棄物の再商品化ルートには，消費者が直接販売店に渡す自主回収ルートと市町村が分別収集したものを指定法人を通す指定ルートと通さない独自ルートがある。

　環境省の『令和3年版環境白書・循環型社会白書・生物多様性白書』[8]によれば，2019年度のリサイクル法による分別収集および再商品化は，ガラス製容器，ペットボトル，スチール製容器，アルミ製容器が8割を超え，紙製容器包装は約4割弱，プラスチック製容器包装は7割を超えている。このうち

アルミ缶やスチール缶は，溶かして再利用されている。ガラスびんのうち1回限りのワンウェイびんは砕かれてカレットとなり新しいびんの原料としてリサイクルされる。ビールびんや一升びんなどのリターナルびんは洗浄され何度も再利用（リユース）される。ペットボトルは化学繊維のフリースやペットボトルに再生される。

　最近のリサイクル率をみると，アルミ缶が97.9%（2019年），スチール缶が93.3%（2019年）とリサイクル率が非常に高く，ペットボトルが84.6%（2018年），牛乳用などの使用済み紙パックが33.9%（2018年）となっている。

　平成30年3月に環境省から発表された「一般廃棄物の排出及び処理状況等（平成28年度）」によると，全国の最終処分場の状況は残余容量が9996万m^3（前年度が1億404万m^3），残余年数が20.5年（前年度が20.4年）と言われている。したがって，3Rへの取り組みによりごみの排出量を減らすように努めなければならない。また，2020年7月からプラスチック製の買物袋の有料化が実施された。

【食品リサイクル法】

　食品リサイクル法（正式名称：食品循環資源の再生利用等の促進に関する法律）の目的は，食品廃棄物の発生抑制と減量化を図り，食品関連業者などによる食品循環資源の再生利用を促進することである。家庭から出る廃棄物は一般廃棄物扱いとなるが，食品ロスは大きな問題でもある。食品ロスの量は年間600万tになっている（平成30年度推計値）。日本人の1人当たりの食品ロス量は1年で約47kgとなり，これは日本人1人当たりが毎日お茶碗一杯分のご飯を捨てているのと同じ量になる。

　2024年度までに再生利用等実施率の目標が，食品製造業は95%，食品卸売業は75%，食品小売業は60%，外食産業は50%を達成するよう目標設定されている[9]。この法律では，食品の製造・加工・卸売り・小売りをする業者と飲食店などの事業者である食品関連業者が排出する食品廃棄物が対象である。再生利用の方法として肥料化，飼料化，メタン発酵などがある。

【グリーン購入法】

　グリーン購入法（正式名称：国等による環境物品等の調達の推進等に関する法律）の目的は，国と独立行政法人は物品調達にあたって環境物品などを選択する

図表12-4　環境関連マーク

〈国及び第三者機関の取組による環境ラベル〉

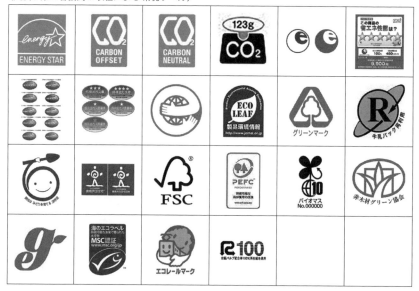

〈表示識別マーク・その他のマーク〉

出所）環境省https://www.env.go.jp/policy/hozen/green/ecolabel/f01.htmlから一部抜粋（2021年8月アクセス）

ように努め，地方公共団体は環境物品などへの需要転換の措置を講ずることにより，資源循環を普及させ環境負荷の少ない社会を構築することである。環境物品とは，再生資源，環境負荷の少ない原材料または部品，再使用・再

利用がしやすい製品をいう。

　図表12-4に環境ラベルの例を示す。エコマーク，再生紙使用マーク，グリーンマークのような環境に配慮して作られた商品を選ぶ目安となるマークがある。OA機器につけられている国際エネルギースタープログラムのマークのように，省エネ製品を見分けるマークがある。プラスチック製容器包装識別マーク，ペットボトル，アルミ缶やスチール缶についているマークなど廃棄するときに分別の目安となる識別表示がある。私たちの身の回りにはこのようなマークがついた製品があるので環境に負荷を与えない商品を使用し，環境に優しい生活を送るよう毎日の生活で習慣化していかなければならない。

　資源循環型の生活の視点として，5つのRがある。

　Recycle（リサイクル）……古新聞など廃棄されたものを資源としてトイレットペーパーに再生し，使用する。

　Reuse（リユース）……ビールびんや牛乳びんなど一度使用したびんを洗って何回も再使用する。

　Reduce（リデュース）……詰め替え可能な商品選びや裸売りなど容器や包装を減量化し，ごみになるものは買わない。

　Refuse/Reject（リフューズ/リジェクト）……無駄な商品・サービスは断る。いらないものは買わない。

　Regain/Repair（リゲイン/リペアー）……自然の回復・河川の浄化，ものを修理して使う。

　以上のような環境に配慮した意識をもって生活していくことが要求され，資源循環型社会のみならず，自然を確保し，生物多様性を維持する自然共生社会，そして温室効果ガスを削減し低炭素社会をめざす，この3つの社会を実現させ，次の世代に負の遺産を残さない持続可能な社会を形成していかなければならない。

確認問題

1 日本における環境問題の変遷をまとめよう。

2 3Rについて各Rの意味とそれぞれの具体例を挙げて説明しよう。

3 身の回りにある環境関連マークがついている商品を見つけよう。さらに，どのようなことが表示されているか調べよう。

引用文献・より深く学習するための参考文献
1) 文部省『環境教育指導資料（小学校編）』1992年，pp.2-5
2) 田中修三・西浦定継『基礎から学べる環境学』共立出版，2013年，pp.77-89
3) 同上，pp.86-89
4) 日本統計協会『統計でみる日本2021』日本統計協会，2021年，p.89
5) 環境省『令和3年版 環境白書・循環型社会白書・生物多様性白書』2021年，p.186
6) 農林水産省「食品ロスとは」https://www.maff.go.jp/j/shokusan/recycle/syoku_loss/161227_4.html
7) 前掲2)，pp.89-95
8) 前掲5)，p.188
9) 農林水産省「食品廃棄物等の再生利用等の目標について」https://www.maff.go.jp/j/shokusan/recycle/syokuhin/s_info/saiseiriyo_mokuhyou.html（2021年8月アクセス）

第 13 章

環境に配慮した生活

　第12章では，豊かさと便利さを求め続けた現代社会をふり返り，循環型社会のしくみを述べた。自己の家庭生活はどのように営まれているか，家庭と社会システムとのつながりの視点から自分の生活を評価することによって，環境に優しいライフスタイルを形成することを目指すことができるだろう。

　本章では持続可能な社会とは，どのような社会であるのかについて述べる。また，環境に配慮した生活を営む上で，自己の生活をどのように管理すべきか，持続可能な社会の形成に向けてどのような取り組みが必要かについて解説する。

キーワード

　　持続可能な社会　SDGs　グリーンコンシューマー
　　ライフサイクルアセスメント　環境共生

1　持続可能な社会

（1）持続可能な社会とは

「持続可能な社会」とは，「地球環境や自然環境が適切に保全され，将来の世代が必要とするものを損なうことなく，現在の世代の要求を満たすような開発が行われている社会」[1] である。

　環境省は2018年第五次環境基本計画[2] を発表し，分野横断的な6つの重点

207

極度の貧困と飢餓の撲滅

普遍的初等教育の達成

ジェンダー平等等の推進と
女性の地位向上

乳幼児の死亡率の削減

妊産婦の健康の改善

HIV／エイズ, マラリア,
その他疾病の蔓延の防止

環境の持続可能性の確保

開発のためのグローバル・
パートナーシップ

出所) 田中, 那須, 篠原編著『SDGsカリキュラムの創造――ESDから広がる持続可能な未来』2020年, 学文社, p.3より抜粋

戦略を設定した。その中で, ④健康で心豊かな暮らしの実現として,
・持続可能なライフスタイルと消費への転換
・食品ロスの削減
・低炭素で健康な住まい
・徒歩・自転車移動等による健康寿命の延伸
・テレワークなど働き方改革等の推進

をあげ, ライフスタイルのイノベーションを創出し, 環境にやさしく, 健康で質の高いライフスタイル・ワークスタイルへの転換を提唱した。

(2) MDGs (Millennium Development Goals：ミレニアム開発目標)

MDGsとは, 2000年9月開催の国連ミレニアムサミットで採択された「国連ミレニアム宣言」と, 地球規模で顕在化してきた課題を解決するために1990年代の国際会議等で採択された開発目標を整理統合したもので, 8つの目標, 21のターゲット, 60の指標から構成されていた。主に途上国の貧困削減をねらいとし, 2015年までにすべての目標を達成するものとした。

MDGsの目標は図表13-1のとおりである。

図表13-2　SDGsの目標

出所）国連広報局

（3）SDGs（Sustainable Development Goals：持続可能な開発目標）

　SDGsはMDGsの後継であり，2015年9月ニューヨークの国連本部にて「国連持続可能な開発サミット」が開催され，「持続可能な開発のための2030アジェンダ」が採択された。図表13-2および図表13-3に示す17の目標と169のターゲットをさして，SDGsと呼ぶ。

　17の目標は，貧困や飢餓，保健や福祉，教育，ジェンダー，経済成長，気候変動，平和と公正，生態系保全など多岐にわたっている。貧困問題に目を向けると，気候変動対策をおろそかにすれば貧困問題が悪化することもあるし，経済効率の観点から石炭火力エネルギーを増加させると気候を不安定にさせることにもつながる。そのため個別分野の取り組みではなく，総合的な視点や取り組み，対策が必要となってくる。現代の私たちが抱える課題は複雑かつ多様で，表面化している部分だけを捉えても解決できない。例えば，目標1「貧困をなくそう」を解決するのであれば，目標8「働きがいも経済成長も」として捉えるだけでなく，栄養や衛生の目標2「飢餓をゼロに」・3「すべての人に健康と福祉を」・6「安全な水とトイレを世界中に」として捉

図表13-3　SDGsの目標

目標1	あらゆる場所のあらゆる形態の貧困を終わらせる	貧困をなくそう
目標2	飢餓を終わらせ，食料安全保障及び栄養改善を実現し，持続可能な農業を促進する	飢餓をゼロに
目標3	あらゆる年齢のすべての人々の健康的な生活を確保し，福祉を促進する	すべての人に健康と福祉を
目標4	すべての人々への包摂的かつ公正な質の高い教育を提供し，生涯学習の機会を促進する	質の高い教育をみんなに
目標5	ジェンダー平等を達成し，すべての女性及び女児の能力強化を行う	ジェンダー平等を実現しよう
目標6	すべての人々の水と衛生の利用可能性と持続可能な管理を確保する	安全な水とトイレを世界中に
目標7	すべての人々の，安価かつ信頼できる持続可能な近代的エネルギーへのアクセスを確保する	エネルギーをみんなに，そしてクリーンに
目標8	包摂的かつ持続可能な経済成長及びすべての人々の完全かつ生産的な雇用と働きがいのある人間らしい雇用(ディーセント・ワーク)を促進する	働きがいも経済成長も
目標9	強靱(レジリエント)なインフラ構築，包摂的かつ持続可能な産業化の促進及びイノベーションの推進を図る	産業と技術革新の基盤をつくろう
目標10	各国内及び各国間の不平等を是正する	人や国の不平等をなくそう
目標11	包摂的で安全かつ強靱(レジリエント)で持続可能な都市及び人間居住を実現する	住み続けられるまちづくりを
目標12	持続可能な生産消費形態を確保する	つくる責任つかう責任
目標13	気候変動及びその影響を軽減するための緊急対策を講じる	気候変動に具体的な対策を
目標14	持続可能な開発のために海洋・海洋資源を保全し，持続可能な形で利用する	海の豊かさを守ろう
目標15	陸域生態系の保護，回復，持続可能な利用の推進，持続可能な森林の経営，砂漠化への対処，ならびに土地の劣化の阻止・回復及び生物多様性の損失を阻止する	陸の豊かさも守ろう
目標16	持続可能な開発のための平和で包摂的な社会を促進し，すべての人々に司法へのアクセスを提供し，あらゆるレベルにおいて効果的で説明責任のある包摂的な制度を構築する	平和と公正をすべての人に
目標17	持続可能な開発のための実施手段を強化し，グローバル・パートナーシップを活性化する	パートナーシップで目標を達成しよう

外務省 (仮訳) https://www.mofa.go.jp/mofaj/files/000101402.pdf より
出所) 田中，那須，藤原編著『SDGsカリキュラムの構造——ESDから広がる持続可能な未来』学文社，2020年，p.6

えることはもちろん，適正な教育や居住を与えられていないこと，つまり目標4「質の高い教育をみんなに」・11「住み続けられるまちづくりを」や格差や差別の解消が必要なこと，目標5「ジェンダー平等を実現しよう」・10「人や国の不平等をなくそう」と関連させて捉えていかなければならない。このような構造全体を理解して問題解決を図っていくことが必要となる。

また，SDGsを「5つのP」として総合的に捉える見方[3]がある。

これらはすべての「人間(People)」が健康で平和に暮らし，尊厳を持って，その潜在する能力を発揮することができ，自然と調和がとれた経済や社会の中で「豊かさ(Prosperity)」を享受し，現在と将来の世代のニーズを充足できるように「地球(Planet)」の環境を守っていく必要性を表現しており，その具現化は「平和(Peace)」であることを絶対条件としなくてはならず，あらゆる国，企業，地域，学校などすべての人々の参加による「パートナーシップ(Partership)」が築かれてはじめて，目標達成に向けたアクションが起こされる。それらの観点が統合された上でこそ，SDGsの実現が図られていくというのである。

田中[4]は，SDGsを理解するには，「公正」「共生・包摂」「循環」の3つの理念を理解することにより本質的な理解に近づくと述べている。しかし，これらには矛盾と葛藤が潜んでおり，「公正」がめざすものと「共生」「循環」がめざすものとの違いとなって現れるので，一筋縄ではいかない面もある。

(4) ライフサイクルアセスメント (LCA：Life Cycle Assessment)

ライフサイクルアセスメントとは，原材料採取から製造，流通，使用，廃棄にいたるまでの製品の一生涯(ライフサイクル)で，環境に与える影響を分析し，総合評価する方法で，製品の環境分析を定量的・総合的に行おうとする取り組みである[5]。企業は自社製品の生産過程から国際標準化機構(ISO：International Organization for Standardization)に準拠して生産することは，消費者からの信頼性が高まり，作業工程の効率化にもつながる。企業はLCAにおける環境負荷を評価することで，より環境負荷の少ない製品の開発や生産活動の改善につなげることができる。

① 必要なものは必要なだけ買う。

② 使い捨て商品ではなく，長く使えるものを選ぶ。

③ 包装がないものを最優先し，次に最小限のもの，容器は再使用できるものを選ぶ。

④ 作るとき，使うとき，捨てるとき，資源とエネルギー消費の少ないものを選ぶ。

⑤ 化学物質による環境汚染と健康への影響の少ないものを選ぶ。

⑥ 自然と生物多様性をそこなわないものを選ぶ。

⑦ 住んでいる地域の近くで生産・製造されたものを選ぶ。

⑧ 作る人に公正な分配が保証されるものを選ぶ。

⑨ リサイクルされたもの，リサイクルシステムのあるものを選ぶ。

⑩ 環境問題に熱心に取り組み，環境情報を公開しているメーカーや店を選ぶ。

出所）　グリーンコンシューマー全国ネットワーク「グリーンコンシューマーになる買い物ガイド」
認定NPO法人環境市民のホームページ
http://www.kankyoshimin.org/modules/activity/index.php?content_id=57（2021年8月アクセス）

2　持続可能な社会の形成に向けて

（1）グリーン購入とグリーンコンシューマー

　企業は環境に配慮したものやサービスを生産しようと努力しているが，環境配慮商品は開発のために多大なコストがかかるなど，高価な場合が多い。そこで，俯瞰的に見れば，消費者はものやサービスを購入するときに価格だけを重視するのではなく，環境配慮商品を積極的に購入し，製造したメーカーの経営に協力することも必要である。このように，ものやサービスを購入する際，価格や品質，利便性に加えて環境への負荷がないものを優先的に購入することをグリーン購入という。そのような環境に配慮して行動する消費者をグリーンコンシューマーという。図表13-4にグリーンコンシューマー10原則を示す。

　それでは，グリーンコンシューマーになるために選ぶ環境配慮商品とはどのようなものがあるだろうか。まず，リサイクルされた原材料を使用した製品である。再生紙を利用したトイレットペーパーやリサイクル繊維の洋服などのリサイクル製品がある。また，省エネ効率の高い家電製品，ハイブリット車や電気自動車などを利用することにより，生活の中で排出される温室効

果ガスの削減ができる。

　地球上の有限な環境に対する負荷を最小限にとどめ，資源の循環を図りながら，地球生態系を維持できるようにする持続可能な社会づくりに努めなければならない。そのためには，できるだけ二酸化炭素の排出量を抑制する「低炭素化社会」，資源の循環を図る「循環型社会」，生態系の維持を目的とする「自然共生社会」を有機的につなぎ，推進させていくことが求められる[6]。行き過ぎた消費の多様化による大量廃棄への反省から，消費者は環境に対する配慮に基づく消費志向へと意識を変容していかなければならない。

（2）エシカル（ethical）消費

　エシカル（ethical）は「倫理的・道徳的」という意味だが，消費者が社会的課題の解決を考慮したり課題に取り組む事業者を応援しながら消費行動を行うことである。これはSDGsの目標12「つくる責任つかう責任」に該当する。具体例[7]として，以下の事例を挙げることができる。
　・エコ商品を選ぶ
　・フェアトレード商品を選ぶ
　・寄付付き商品を選ぶ
　・障害がある人の支援につながる商品を選ぶ
　・地元の産品を買う
　・被災地の産品を買う
　・認証ラベルのある商品を選ぶ　例）FSC森林認証（紙製品等），MSC認証（シーフード），RSPO認証（洗剤等）

（3）環境共生

　環境共生とは地球環境を守りながら，地球と共に暮らしていくということである。衣・食・住生活ではどのようなことができるだろうか。
【衣生活】
　衣生活では，着られなくなった被服は，人に譲ったり，リフォームして再利用（リユース）したり，原料に戻して再生利用（リサイクル）したりする。リサイクルの方法として，マテリアルリサイクル，ケミカルリサイクル，サーマ

ルリサイクルがある。マテリアルリサイクルは材料として再資源化すること
で，まずリユース（海外への古着輸出が中心）できるものが選別され，その後ウ
ェスに向いたものが区分され，服からボタン等の付属物を除去し粗く裁断し，
それを金属針が植えられた回転ドラムで繰り返しほぐして綿状にする。これ
が反毛で，反毛はぬいぐるみやクッションの中綿に使われたり，反毛を紡績
して太い紡績糸を作り，それを編み上げて軍手にしたりする。また反毛から
フェルトを作り，吸・遮音材などの自動車内装材や建築資材として再利用す
る。

　ケミカルリサイクルは化学処理を施し化学製品の原料として再資源化する
ことで，合成繊維（ポリマー）を化学的に分解し，原料（モノマー）まで戻すリサ
イクルをいう。ナイロン6やポリエステルでは技術が確立されている。

　サーマルリサイクルは他の可燃ゴミと一緒に焼却して，発電などに利用す
る。金属製のボタンやファスナーなどは取り除き，少し熱をかけて固めて固
形燃料化して，石炭の代わりにボイラーの燃料として利用する。サスティナ
ビリティを考えた取り組みも，再生品の需要が不足すれば伸びてゆかない。
被服はさまざまな原料からつくられるので，被服を生産するために使われる
材料やエネルギー，労働力などを無駄にしないで長く着るように工夫する必
要がある。最近では，消費者が店舗にあるリサイクルボックスに，不要にな
った服を持っていくと，それらを回収して難民に支援物資として届けるなど
の活動を行っている企業もある。

【食生活】

　食生活では，エコクッキングの実践を行っている家庭も多いだろう。その
他，食の循環を推進している地域もある。食品を無駄にしないこと，生ごみ
をたい肥にして土づくりをする，そして植物栽培をして収穫する，販売・購
入し，調理をし，食事するなどは一連の食の循環という概念を取り入れた例
である。消費者として余分な食品を買いすぎない，家庭や外食で食べ残しを
しない，フードバンクに寄付するなど，食品ロスの削減や子どもの貧困をな
くす取り組みに協力していくことが望まれる。

図表13-5　環境共生住宅とSDGs

■エネルギーの消費削減と
有効利用を図る
■自然・未利用エネルギーを
有効に利用する
■資源を有効に利用する
■廃棄物を削減する

地球環境の保全
（LOW IMPACT）

周辺環境との親和
（HIGH CONTACT）

環境共生住宅
（SYMBIOTIC HOUSING）

■生活的豊かさと循環性に配慮する
■建物内外の連関性に配慮する
■美しく調和した街並み
・景観に配慮する
■地域文化・伝統の反映に配慮する

居住環境の健康・快適性
（HEALTH & AMENITY）

■安全かつ健康で快適な室内環境を実現する
■自然の恩恵を享受できるよう配慮する
■住宅の性能保証や維持管理の充実に配慮する
■作り手から住まい手への情報サービスの提供を図る

出所）https://www.kkj.or.jp/contents/introduce/dl/kkj-sdgs.pdfより引用

【住生活】

　住生活では，環境共生住宅の例がある。環境共生住宅推進協議会では，環境共生住宅とは「地球環境を保全する観点から，エネルギー・資源・廃棄物等の面で充分な配慮がなされ，また周辺の自然環境と親密に美しく調和し，住み手が主体的にかかわりながら，健康で快適に生活できるよう工夫された，環境と共生するライフスタイルを実践できる住宅，およびその地域環境」[8]と定義している。図表13-5に示すように，環境共生住宅とは人と住まいをとりまく環境をより良いものにしていくために地球にやさしい（ローインパクト），まわりの環境と親しむ（ハイコンタクト），健康で快適であること（ヘルス&アメニティ）という3つの考え方に基づいて作られた住まいである。SDGsとのかかわりから目標3，6，7，11，12，13，15などさまざまな目標と取り組み，持続可能な社会の実現を目指している。また，図表13-6はその1例であるが，自然と共生し，無駄を省く住まい方の例である。地域の気候風土に合った家づくりや住まいの手入れを行い長く住むことが環境保全につながる。また地域の森林資源を保全・活用し，地域にいる人材やその人が持っている技術を使って作られる家づくりは地域の経済の活発化や伝統的な技術の継承にもつ

図表13-6　環境共生住宅の例

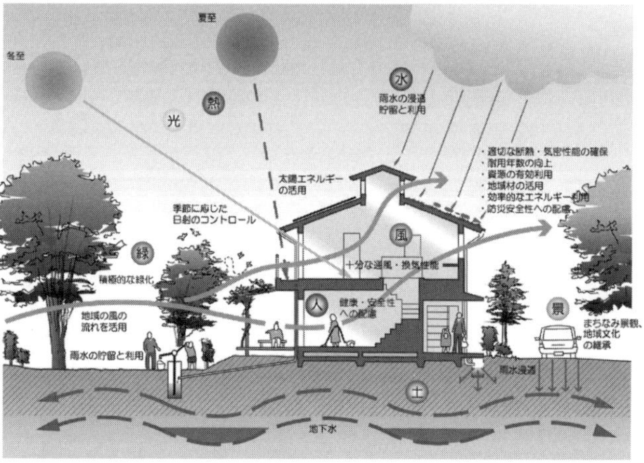

出所) 図表13-5と同じ

ながる。

　私たちは天然資源を大量消費し，大量廃棄しているが，この生活スタイルは環境破壊を引き起こしている。衣生活，食生活，住生活などをもう一度見直し，環境について考えてみる必要がある。

【シンプルライフ】

　シンプルライフという言葉がある。シンプルライフとは，本当に必要な物だけに囲まれて暮らすことである。便利になればなるほど暮らしは楽になるだろうといわれてきたが，現実には身の周りにものが増えれば増えるほど，便利さを求めれば求めるほど，新しいことに適応するために時間が必要になり忙しくなってくる。また，便利さを必要以上に求める行動が，環境を汚染することにもつながりかねない。このような考え方も，これからの生活に取り入れていくとよいだろう。

　私たち一人ひとりが地球市民として自分の行動と地球で起こっている環境問題をつなげ，具体的に考え行動にうつすことが望まれる。「Think Globally, Act Locally（地球規模で考え，身近なところから行動する）」を再確認し，自己の身近なところから，できることから行動を起こすことが大切であ

図表13-7　SDGsと家庭科学習内容との関連

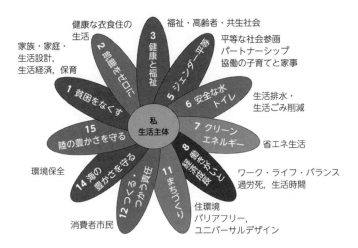

出所）荒井，高木，石島，鈴木，小高，平田編著『SDGsと家庭科カリキュラム・デザイン——探究的で深い学びを暮らしの場からつくる』教育図書，2020年，p.15より抜粋

る。現在の環境に大きな負荷がかかっているライフスタイルを見直し，より地球に優しい食べ物や商品，サービスを選んでいくことが求められている。

（4）家庭科学習内容とSDGs

　生活の質の向上や持続可能な生活を得るためには，自らが望む生活様式を選び取る力によって，新たな生活様式を創造しなければならない。このような力は自らの生活を顧み，課題を明らかにして解決策を考え，実践するというプロセスに則って獲得できる。

　そこで，子どもたちの生活者としての認識を新たにするために，家庭科ではどのような学習を進めていけばよいのであろうか。

　荒井[9]は，図表13-7のようにSDGsと家庭科学習内容との関連を図示している。つまり，目標1「貧困をなくそう」と目標2「飢餓をゼロに」は家族・家庭生活の内容と関連している。経済格差や子どもの貧困が起こる原因，格差が家族・家庭に与える影響，その対策と子ども食堂などについての学習が考えられる。目標3「すべての人に健康と福祉を」は，健康・快適・安全な衣食住や児童・高齢者の福祉の学習とつながっている。目標5「ジェンダー

平等を実現しよう」は，男女がともに家庭と仕事にかかわり家事や育児を協同して行うパートナーシップの学習の中で深めることができる。目標8「働きがいも経済成長も」もワークライフバランスとつながっている。目標6「安全な水とトイレを世界中に」，7「エネルギーをみんなに・そしてクリーンに」，14「海の豊かさを守ろう」，15「陸の豊かさも守ろう」は水や電気の省エネや身近な環境への配慮，目標11「住み続けられるまちづくり」は住まいやバリアフリー，ユニバーサルデザインの学習と重なっている。目標12「つくる責任つかう責任」は，消費や購入する物資の選択や5R（リサイクル，リユース，リデュース，リフューズ，リペアー）など消費・環境の学習とつながっている。

　以上のように，家庭科学習にはSDGsの視点から学ぶ内容がさまざま存在する。家庭科学習によりSDGsの理念を理解し，生活者としてより良い生活を志向する力を培い，主体的に行動できる子どもたちを育成することができるといえよう。

　そして，未来を担う子どもたちの生活に対する意識を変えることにより，環境に配慮した生活を送ることができるだろう。

確認問題

1　SDGsの目標の中で，あなたができること，または，やっていることを考えてみよう。

2　あなたの周りの持続可能なライフスタイルを創造するための活動を探してみよう。

3　グリーンコンシューマーとしてのあなたの生活を振り返り，自己の生活の反省点をあげてみよう。

引用文献・より深く学習するための参考文献
1)　日本家政学会生活経営部会編『持続可能な社会をつくる生活経営学』朝倉書店，2020年，p.166
2)　環境省『第五次環境基本計画の概要』https://www.env.go.jp/press/files/jp/108981.pdf
3)　日本環境教育学会，日本国際理解教育学会，日本社会教育学会，日本学校教育学会，SDGs

市民社会ネットワーク，グローバル・コンパクト・ネットワーク・ジャパン『事典　持続可能
な社会と教育』教育出版，2019年，p.8

4)　田中治彦，那須正裕，藤原孝章編著『SDGsカリキュラムの構造──ESDから広がる持続可
能な未来』学文社，2020年，pp.7−8

5)　環境省『環境白書　循環型社会白書／生物多様性白書　平成22年版』2010年，p.434

6)　石川宗孝『環境読本　環境をいかに学び，いかに対処するか』電気書院，2011年，p.5

7)　江夏あかね，西山賢吾『ESG/SDGsキーワード130』金融財政事情研究会，2021年，p.13

8)　http://www.kkj.or.jp/contents/intro_sh/index.html（2021年8月アクセス）

9)　荒井紀子，高木幸子，石島恵美子，鈴木真由美，小高さほみ，平田京子編著『SDGsと家庭
科カリキュラム・デザイン──探究的で深い学びを暮らしの場からつくる』教育図書，2020
年，pp.14−15

第 **14** 章

家庭科内容を構成する重要概念と
キーワード

　家庭科の内容の特徴を示す重要な概念やキーワードについて，補足する。キーワードとして1環境，2快適，3安全・健康，4消費，5共生，6自立，7生活文化の7つを挙げ，それぞれの内容領域に分けて解説する。

1　環　境

〈食生活〉

　・地産地消……地域で生産された農林水産物を地域で消費しようとする取り組みのことを地産地消という。直売所での直接販売，加工品の開発や学校給食での地場産物の利用，生産者と消費者との交流活動などの取り組みが行われている。生産者と消費者が顔の見える関係になることで，ニーズに対応した生産や地域の食材を活用した食文化伝承の推進，自給率の向上などの効果が期待されている。

　・食料自給率……自給率を示す指標は，供給熱量（カロリー）ベースで算出されることが多い。供給熱量ベースの食料自給率は「1人1日当たり国産供給熱量／1人1日当たり供給熱量」で算出される。2020年度は37％だった。畜産物については，国産であっても輸入した飼料を使って生産された分は，国産には算入されない。品目別にみると食用の米の自給率は97％だが，小麦は15％である。供給熱量ベースの自給率については，カナダ266％，アメリカ132％，ドイツ86％とほかの先進国は高く，日本は非常に低い。政府は2025年までの目標値を50％としたが，達成が難しいとし，45％に下方修正し

図表14-1　家庭科の内容領域一覧

共通のキーワード	家族・家庭生活	食生活	衣生活	住生活	消費生活・環境
1 環境		・地産地消 ・食料自給率	・被服材料 ・洗剤の使用 ・リサイクル	・省資源・省エネルギー ・長持ちする住宅	・循環型社会 ・4R ・フェアートレード ・SDGs
2 快適		・おいしさ	・衣服気候 ・自己表現	・通風，採光 ・住宅の質	
3 安全・健康	・家族法 ・リスク管理	・食品衛生 ・食品添加物 ・期限表示 ・食事摂取基準 ・食品群別摂取量のめやす ・朝食摂取	・衣料障害 ・衛生 ・衣服圧	・バリアフリー，ユニバーサル・デザイン ・地震対策 ・シックハウス症候群	・契約 ・ネチケット
4 消費	・家計 ・エンゲル係数 ・エンジェル係数	・食品廃棄物	・衣服の表示	・住居費	・消費者庁 ・国民生活センター ・消費生活センター ・キャッシュレス化 ・批判的思考 ・消費者市民 ・エシカル消費
5 共生	・男女共同参画社会 ・性別役割分業意識 ・ワーク・ライフ・バランス			・環境共生型住宅	
6 自立	・人間としての自立		・被服管理 ・衣服計画		・意思決定
7 生活文化	・年中行事	・食文化 ・和食	・服飾文化	・住文化	・MOTTAINAI

た。

〈衣生活〉

・被服材料……衣料品の多くは繊維素材で作られている。天然繊維は羊や蚕を飼い，綿花を栽培することで得られる。プランテーションによる単一栽培の問題や，繊維産業従事者の健康障害（アスベストと同じような病態を起こす）もあり，低価格商品を支える労働者たちの生活環境はよいとはいえない。合成繊維の多くは，石油を原料としている。

・洗剤の使用……1960年代から，河川の水質汚染問題が深刻になった。洗浄力を高めるために合成洗剤に配合された有機リンが要因の一つとされ，使用を制限されるようになった。1980年代以降は有機リンは使用されていない。洗剤以外にも水質汚染に影響を及ぼす要因はあるが，公害が起きると規制が行われる。

・リサイクル……衣料品のリサイクルはむずかしい。繊維から繊維に再生することは困難であり，サーマルリサイクルの形でしか再生利用できていない。一方で，リユースは長い歴史をもつ。古着屋は18世紀のパリでは，なくてはならないものだった。日本の着物は，再生しやすい形をしている。

〈住生活〉

・省資源・省エネルギー……日本のエネルギー自給率は2018年度で11.8%と低く，おもな資源を輸入される石油や石炭に頼っている。しかし化石燃料には限りがある。東日本大震災以降はエネルギー事情が変化し，太陽光や風力などの再生可能エネルギーが注目されているが供給が不安定である。省エネ型家電や高効率な給湯器などにより省エネルギー型の機器も増えているが，暮らしの中でできることから省資源・省エネを実践していく心がけも大切である。

・長持ちする住宅……国土交通省は，200年住宅を構想している。高度経済成長期以降，スクラップアンドビルドが主流であったが，住宅のストックを多くし，環境に配慮した住生活を目指している。

〈消費生活・環境〉

・循環型社会……大量生産・大量消費・大量廃棄の生活を見直し，リデュ

ース，リユース，リサイクル，熱回収，適正処分をし，廃棄物をなるべく少なくすることが要請されている。

・4R……ごみになるものは断る（Refuse），廃棄物の発生抑制（Reduce），再利用（Reuse），再生使用（Recycle）をいう。

・フェアートレード……発展途上国の生産者が労働に見合った賃金を得られるように，生産物に対し適正な価格で取引する公正な貿易のことをいう。

・SDGs（Sustainable Development Goals：持続可能な開発目標）……2015年の国連サミットで「持続可能な開発のための2030アジェンダ」に記載された，2030年までに持続可能でよりよい世界をめざす国際目標である。17のゴール，169のターゲットから構成され，地球上の「誰一人取り残さない」ことを誓っている。

2　快　適

〈食生活〉

・おいしさ……おいしさは口に入れてから感じる味や歯ごたえなどの感覚，香りや見た目，温度などを総合的に判断して感じられる。その他，過去の経験や嗜好，体調，心理状態，食事環境などによる影響を受ける。楽しい食事環境では，快中枢が刺激され，食べものをよりいっそうおいしく感じ，食欲も増す。また，おいしいものを食べることによっても快の感情が現れ幸せな気持ちになる。おいしさと精神的な充足度は深く関わっている。

〈衣生活〉

・衣服気候……衣服気候を生理的に快適な状態に保つことは，衣服を着用する目的の一つである。衣服内温度，湿度が上昇すると「蒸れ感」があり，さらに上昇すると「暑熱感」が大きくなる。衣服材料の性質のほか，デザインや着装の仕方に影響を受ける（第6章参照）。

・自己表現……衣服はつねに自己表現している。個人の美意識を他者に示し，それに共鳴したり同調したりする者が現れると，流行になる。自分に似合う色と好きな色が異なった場合，どちらを身につけることが自己表現にな

るのだろうか。

〈住生活〉

・通風，採光……通風や採光は室内の温度や湿度を調節するために必要なことである。通風は夏の暑さをしのぐ役割，採光は日常生活に必要な明るさを取り入れるだけでなく，冬場は入射を利用して室内を暖める効果がある。自然の風や光を有効に活用することが，省資源・省エネルギー，環境保全にもつながる。

・住宅の質……住宅の質は，居住水準に示される面積を指標とすることができる。地域差が大きく，大都市の住居面積は富山県や福井県の1/2程度である。また，借家・持ち家間の格差も大きく，借家の面積が小さい。

3　安全・健康

〈家族・家庭生活〉

・家族法……民法の親族編と相続編がある。親族編では，婚姻・離婚などの夫婦関係や子どもの出生，養子縁組に伴う親子関係，親族間の扶養の義務を，相続編では相続に関する権利関係を規定している。

・リスク管理……生涯のなかで起こるさまざまな出来事に対し，危機を回避するようにあらかじめ対策をしておくことや，被害を最小限に抑えるために保障や貯蓄をすることが必要である。

〈食生活〉

・食品衛生……食べ物の安全を阻害するものには自然界の毒，農薬など化学物質によるもの，そして素材や調理の過程が原因となる食中毒がある。国内で流通する食品に関しては食品衛生法により規定が設けられているが，食中毒の発生源は家庭が一番多い。「つけない」「増やさない」「殺す」の3原則を徹底し，発生予防に努めることが大切である（第5章参照）。

・食品添加物……食品添加物は「食品の製造工程において，または食品の加工もしくは保存の目的で，食品に添加，混和，浸潤その他の方法によって

使用するもの」(食品衛生法第4条第2項)と定義されている。食品添加物は厚生労働大臣がその安全性や有効性を確認して指定した「指定添加物」と，天然添加物として長年使用されている「既存添加物」のほか，「天然香料」「一般食品添加物」に分類できる。指定添加物は472品目(2012年1月現在)，既存添加物は357品目(2020年2月現在)ある。

　・**期限表示**……すべての加工食品には賞味期限または消費期限のどちらかの期限表示がされている。賞味期限はおいしく食べることのできる期限であり，期限を過ぎたらすぐに食べられなくなるわけではないが，消費期限は期限までに食べたほうがよい。また，いずれも開封後については速やかに消費することが望ましい。

　・**食事摂取基準**……生涯にわたる国民の栄養摂取の改善に向けた自主的な努力を促進するため，国民健康・栄養調査その他の健康の保持増進に関する調査および研究の成果を分析し，その結果を踏まえ，食事による栄養摂取量の基準を定めたものを「食事摂取基準」という。健康の保持・増進に望ましいエネルギー量や栄養素の量が定められている(健康増進法第30条の2，第4章参照)。

　・**食品群別摂取量のめやす**……食事摂取基準を満たすためにどのような食品をどのくらい食べたらよいか，具体的な食品を用いて1日当たりの必要量を示したもの。食品の分類の仕方により6群，4群などが一般に用いられている。その他，主食，主菜などに分けて望ましい摂取量を示したものに「食事バランスガイド」がある(第4章参照)。

　・**朝食摂取**……朝食を欠食すると基礎代謝が落ち，午前中の体温が上がらない，気力・集中力がわかない，活発な活動ができないなど学力・体力に影響する。また，炭水化物(糖質)に含まれるブドウ糖は脳の唯一のエネルギー源である。不足すると学習に支障をきたす(藤澤良知『栄養・健康データハンドブック　2013/2014』同文書院，2013年，p.368参考　一部引用)。

〈衣生活〉
　・**衣料障害**……狭義には，衣料品の着用による皮膚障害をさす。おむつかぶれ，高齢者の皮膚の乾燥による搔痒感なども含まれる場合がある(第7章参

照）。

　・衛生……衣服の着用に関して，清潔であることにとどまらず，健康を維持し疾病を予防することをいう。

　・衣服圧……衣服を着用した際に，身体に対して垂直方向に圧迫する力のことをいう。衣服の「きつさ」として意識される。部位によって感じ方が異なり，個人差もあるが，過度の圧迫は身体に大きなストレスを与える。

〈住生活〉

　・バリアフリー，ユニバーサル・デザイン……バリアフリーとは，ハンディキャップを負っている人の心的・物理的障がいを取り除き，健常者と同様に行動できるようにすることである。ユニバーサル・デザインとは，障がいの有無にかかわらず，また，老若男女問わず誰にでも使いやすいデザインのことである。高齢化率が高まるなか，住宅内だけでなく公共交通機関や施設などでもバリアフリー化が進められている。

　・地震対策……構造状の地震対策としては，地震の揺れを伝えない「免震」，地震の揺れを吸収する「制震」，建物の壁を構造上強くする「耐震」がある。家具の転倒や食器の飛散を比較すると「免震」構造の揺れが一番小さいが，免震構造に建て替えることは容易にできることではない。まずは室内の家具転倒防止，食器飛散防止などの対策も必要である。

　・シックハウス症候群……室内の空気が汚染されることにより，身体症状を呈することをいう。建材や内装材に含まれる揮発性の物質やカビの胞子などは，人体に影響を及ぼすものもある。現代の住宅は気密性がよくなり，自然の換気が行われにくくなっているため，問題が起こりやすくなっている。

〈消費生活・環境〉

　・契約……他者と約束を交わす際，それを破ると法的に処罰されるのが契約である。約束は，友達などと約束をし破棄したときは，法的な罰則はないが，友達関係が悪くなるというところが契約と約束の違いである。

　・ネチケット……インターネットを使用して，情報を得たり，物を購入したりするなどの機会は，今後多くなるのは必至である。インターネット上で

の礼儀作法のことで，悪口を書く，真実のように嘘を書くなどしないように，エチケットに反することはしないようにしなければならない。

4　消費

〈家族・家庭生活〉

・家計……家庭を単位とした収入と支出からなる経済活動をいう。収入と支出の均衡を考え，個人の欲望のみでなく，家族のニーズを考えて経済計画を立てていかなければならない。

・エンゲル係数……消費支出に占める食料費の割合をいい，エンゲル係数が低いほうが生活水準が高いが，必ずしもそうとは言えない場合がある。

・エンジェル係数……教育費のみでなく子どもにかかる食費や被服費など，子どもを養育するときにかかる費用のことである。子どもの人数に比例してエンジェル係数が上昇するわけではない。その理由はスケール・メリットがはたらくからである。

〈食生活〉

・食品廃棄物……食品廃棄物は国内全体で年間約2550万トン（2018年度推計値）にもなる。そのうち食べられるのに廃棄される食品（食品ロス）が612万トンである。1日当たりに換算すると毎日1人お茶碗1杯弱分の飯の量（約132g），年間に換算すると1人約48kgの食品が廃棄されている計算になる。2019年10月に「食品ロス削減推進法」が施行され，事業者や消費者の責務が示されている。「フードドライブ」「フードバンク」など食べられるのに販売できなかったり，家庭で食べきれない食品を集めて，施設等に寄付する活動も進められている。また，SDGsにおいて，2030年までに1人あたりの食品廃棄量を半減させることも盛り込まれている。

〈衣生活〉

・衣服の表示……「品質のよいものを購入し，長く着る」ことは理想的であるが，品質のよいものは高価であることが多く，また，クリーニングも特

殊で高額になりがちである。取扱い絵表示を見て，表示どおりに手入れをした場合には衣服がいたむことはないが，汚れ落ちが不十分だったり，アイロンの効果がなかったりすることがある。取扱い絵表示に加えて，組成表示の情報，繊維の知識，洗濯の経験などから総合的に取扱い方法を判断する。

〈住生活〉

・住居費……住居費は大きな家計負担である。その他，水道・光熱費，家具・家事用品費も家計のなかで比重が高い。家賃，地代などの借家費用は見えやすいが，持ち家では購入費（ローンの場合は利息も含む），固定資産税，修繕費などがかかる。

〈消費生活・環境〉

・消費者庁……消費者の視点から政策全般を監視する組織の実現を目指して，2009年9月に発足した。消費者が安心して安全で豊かに暮らすことができる社会を実現することを役目としている。消費者庁が所管する独立行政法人として国民生活センターがあり，全国の消費生活センターなどと連携し，消費者行政の中核的な機関としての役割を担っている。

・国民生活センター……国民生活の安定・向上を図るために情報提供や調査研究を行うことを目的とした独立行政法人で，全国の消費生活センターを統括している。

・消費生活センター……消費者への情報提供，トラブル相談，商品テストなどを行い，各自治体に設置されている。

・キャッシュレス化……これからの生活には，現金の受け渡しを伴わない取引，たとえば，電子マネーの利用やネット銀行の利用などが増加するであろう。これをキャッシュレス化という。現金を持たず，いつでも自由に好きなものを手に入れることができるが，多重債務に陥る可能性があるので，注意しなければならない。

・批判的思考……クリティカルシンキングといい，状況や情報についてうのみにするのではなく，さまざまな角度から検討し，判断すること。消費者として情報の信頼性や正確さなどを検討し，絶えず批判的な思考を駆使しな

がら生活していかなければならない。

　・消費者市民……社会に与える影響を考えて消費行動をとり，積極的に社会に働きかける生活を送ろうとする人をさす。

　・エシカル消費（倫理的消費）……人や社会，地球環境，地域のことを考えて作られたものを，買ったり使ったりすることである。例えば，買ってきた食品を新鮮なうちに食べきること，できるだけ捨てる部分を減らすことなど。したがって，自分の生活を反省しながら見直すことが必要である。

5　共生

〈家族・家庭生活〉

　・男女共同参画社会……男女がそれぞれの人格や人権を尊重し，政治的，経済的，社会的，文化的利益を受けることができ，それぞれが個性と能力を発揮できるとともに責任を担う社会をいい，1999年，男女共同参画社会基本法が制定された。

　・性別役割分業意識……「男だから，女だから」と性別によって固定的に考え，男女の性別で役割を分けようとする。歴史的・社会的・文化的に形成された性差（ジェンダー）にもとづく意識である。

　・ワーク・ライフ・バランス……誰もが仕事・家庭，地域などでさまざまな活動を，希望するバランスで実現できる状態をいう。仕事と生活の調和の実現に向けて，国民一人ひとりが望む生き方ができる社会を実現できるように，政府，地域，企業，民間団体が取り組んでいる。

〈住生活〉

　・環境共生型住宅……環境共生型住宅は，「地球環境を保全する観点から，エネルギー・資源・廃棄物などの面で充分な配慮がなされ，また周辺の自然環境と親密に美しく調和し，住み手が主体的にかかわりながら，健康で快適に生活できるよう工夫された，環境と共生するライフスタイルを実践できる住宅，およびその地域環境」と定義されている。持続可能な社会実現のために太陽や風力など自然エネルギーを有効に活用した住まい方が推進されてい

る（第9章参照）。

6　自立

〈家族・家庭生活〉

・人間としての自立……衣食住の基礎的な知識や技術の習得による生活的自立，生活に必要な収入を獲得し管理できる経済的自立，社会の一員として性的にコントロールできる性的自立，さまざまな困難に立ち向かい，自分で判断できる精神的自立が必要である。とくに，小学校家庭科では生活の自立をめざしている。

〈衣生活〉

・被服管理……被服管理は，被服の手入れ・保管にまつわる事柄をいう専門用語である。

・衣服計画……衣服の選択から着用，処分までを計画的に行うことをいう。大量の衣服を持ちながら，管理できずに「もったいない」状態になっていることは多い。衣服計画を考えることは，自立したよりよい衣生活につながる。

〈消費生活・環境〉

・意思決定……問題の解決や目標達成のために，どのように解決するか考え，決めることである。私たちの日常生活の行動には意思決定が伴うので，自分でしっかり判断できるようにしておかなければならない。

7　生活文化

〈家族・家庭生活〉

・年中行事……日本には昔から節目の行事があり，正月，ひな祭り，七夕，七五三，十五夜，お盆などのほかにも季節やお祝い事，お祭りなどに関連したさまざまな年中行事がたくさんある。この行事を家庭のなかで伝承していくことが最近では，むずかしくなってきている。それぞれの行事にふさわし

い食べ物やしきたりがあるが，高度経済成長と国際化の進展で，暮らしは大きく変化してきた。家族や地域で伝統文化を継承しつつ，新たな視点から創り上げていきたいものである（図表4-2参照）。

〈食生活〉

・食文化……石毛直道・吉田集而らは食文化を「（人間らしい営みを求めながら）民族，地域，集団などによって固有の調理，加工法，食事形成，作法などを習慣化し，定着させてきたこと」としている。日本の地形や四季の変化により地域特有の郷土料理がある。暦の行事や成長に伴う通過儀礼と食との関わりも深い。家庭内での食文化の伝承が薄れ，家庭科や給食など学校教育における伝承が期待されている。

・和食……2013年12月「和食：日本人の伝統的な食文化」がユネスコ無形文化遺産として登録された。和食は「『自然を尊ぶ』という日本人の気質に基づいた『食』に関する『習わし』」と位置付けられている。地域に根差した食材の尊重，一汁三菜のバランスに優れた食事，自然の美しさや季節の器の利用，行事と関わった食文化などが和食の特徴として挙げられている。和食に関心を高め，生活のなかで生かし，日本の食文化として継承していきたい。

〈衣生活〉

・服飾文化……和服が現在のような形になったのは，江戸時代以降である。現在は，日常的に和服を着ることは少ないが，旅館の寝間着は浴衣であり続け，成人式に女性が振り袖を着るという風習は現代では一般化している。花森安治が『暮しの手帖』において，和服の特徴である直線裁ちを洋服に生かすことを提案したこともある。

〈住生活〉

・住文化……「時代の新しい要素をつけ加えながらも，前の世代の慣習を受け継ぐようにつくり出される」（日本家政学会『家政学用語辞典』朝倉書店，1993年）ものである。構造物が重要文化財に指定されるが，人が暮らすことがあってはじめて，住居の意味をなす。また，まちづくりやコミュニティも文化と

いえるであろう。

〈消費生活・環境〉

　・MOTTAINAI……ケニアのワンガリ・マータイが日本の「もったいない」精神を価値あるライフスタイルとして見直し，海外に紹介した。

執筆分担

池﨑喜美惠（いけざき・きみえ）＝編著者，はじめに，第1章，第2章，第3章，第10章，第12章，第13章，第14章
東京学芸大学名誉教授

神田由紀（かんだ・ゆき）＝第4章，第5章，第9章，第14章
聖徳大学非常勤講師，日本女子大学非常勤講師

野上遊夏（のがみ・ゆか）＝第6章，第7章，第8章，第14章
東京家政大学短期大学部准教授

渡邉真弓（わたなべ・まゆみ）＝第11章
早稲田実業学校初等部講師

教科力シリーズ　改訂第2版
小学校家庭

2022年2月25日　初版第1刷発行

編著者 ─── 池﨑喜美惠
発行者 ─── 小原芳明
発行所 ─── 玉川大学出版部
　　　　　　〒194-8610　東京都町田市玉川学園6-1-1
　　　　　　TEL 042-739-8935　FAX 042-739-8940
　　　　　　http://www.tamagawa.jp/up/
　　　　　　振替：00180-7-26665
装幀 ─── しまうまデザイン
印刷・製本── モリモト印刷株式会社